すべての意思決定者のための

経営情報システム概論

No

Yes

一瀬 益夫 著
ICHINOSE MASUO

同友館

はじめに

　経営情報システム（management information systems：MIS）という用語は、学生たちにも、社会人にも、また大学の教員たちにも非常に理解しにくい用語の一つのようである。経営情報システムという用語自体が、経営（management）、情報（information）、そしてシステム（system）の合成語であり、その上、日本語表記は単に英語表記をそのまま逐語的に置き換えたに過ぎないために、こなれた日本語ではないからである。そして、経営情報システムの三つの構成要素のうちの二つの組み合わせ、すなわち、経営情報、情報システム、あるいは経営システムを冠した書籍や講義（経営情報論、情報システム論、経営システム論、等々）もあるからである。

　経営情報や経営システムという用語については、多くの人たちが経営学の一部と理解するかもしれない。しかし、経営システムからは、経営への工学的なアプローチを思い浮かべる人もいるかもしれない。情報システムとなるとどうであろう。多くの人たちはコンピュータ等の情報技術を連想するのではないだろうか。以前に学際的（interdisciplinary）という言葉が流行ったが、経営情報システムは正しく学際的な分野なのである。しかし学際的に物事を考えるのは難しく、ついつい分解して捉えることになりがちだし、学際的という言葉も最近はあまり聞かれなくなってしまっている。

　こうした理由から、経営情報システムは、経営に着目すると文系的な研究領域になり、システムに注目すると理系的な研究領域になる。情報は中立的な言葉ではあるが、経営とくっつくと文系的に、システムとくっつくと理系的なものとして認識されることになるようである。

　筆者は、勤務する大学で、経営情報システム論という科目を 30 年以上前から担当している。しかし、筆者の努力不足のせいか、同僚教員の多く

は今でも、経営情報システム論をプログラミング論やコンピュータ概論の延長にある科目として認識しているようである。経営学関係の学会でも、経営情報や経営情報システム分野の研究は、少し毛色が違うものと捉えられているようで、あまり居心地は良くない。経営情報学部や経営情報学科が次々と開設された時期があったが、その後、そのような学部や学科が大きな成功を収めたかというと、必ずしもそうとも言えないようである。その理由の一端は、上述のような背景があるのではないかと思う。

　本書は、2012年度の東京経済大学国内研究（「非構造的な意思決定を支援するための情報獲得・伝達方法について」）の成果である。上記テーマで研究を進める内に、当該テーマを包摂しつつ、経営意思決定の観点から、経営情報システムの領域全体について、筆者なりに体系的に概観し、わかりやすく解説しようという思いに駆られるようになった。本書では「意思決定」という用語が頻繁に登場するが、それはこうした理由による。

　本書の出版の道を開いてくださったのは、株式会社同友館の元取締役の千田敬さんである。心から感謝申し上げたい。また、実際に出版をお引き受け下さった取締役出版部長の鈴木良二さんと、仕事の遅い筆者を相手に丁寧で正確な編集作業をして下さった、出版部の武苅夏美さんのお二人にも、この場を借りて、心から御礼申し上げたい。

2016年5月5日　　　一瀬　益夫

目次

第1部 経営情報 ——————————————— 1

第1章 意思決定と情報 ——————————————— 4
- 1-1 情報という言葉の使われ方 4
- 1-2 意思決定とは何か 5
- 1-3 意思決定の5つの局面 9
  - 1-3-1 問題の発見とその定式化 9
  - 1-3-2 代替案の探索と列挙 10
  - 1-3-3 各代替案の評価と一つの代替案の選択 13
  - 1-3-4 選択された代替案の実施 14
  - 1-3-5 意思決定プロセス全体の評価と反省 14
- 1-4 意思決定のための情報収集 15

第2章 マネジャーの役割と経営情報 ——————————————— 18
- 2-1 意思決定者としてのマネジャー 18
- 2-2 意思決定と情報 20
- 2-3 情報の定義 22
- 2-4 データの定義 23
- 2-5 データ処理と情報 26
- 2-6 ビジネスインテリジェンスと知識 27
- 2-7 国家の情報収集と企業 28

第3章 情報→意思決定→行動→データ→情報のループ ——————————————— 32
- 3-1 情報→意思決定→行動→データ→情報のループ 33
- 3-2 行動につながる意思決定と経営資源 34
- 3-3 意思決定と知識 35
- 3-4 データの源泉 37
  - 3-4-1 社内のデータの源泉 38

3-4-2　社外のデータの源泉　40
　3-5　データから情報へ　40
　3-6　企業の存続、発展とループの永続的な回転　42
　3-7　意思決定の観点からみた学生と社会人の違い　45
第4章　意思決定と不確実性 ─────────────── 48
　4-1　不確実性　48
　4-2　不確実性の源泉　49
　　4-2-1　時間的な隔たりによる不確実性　50
　　4-2-2　相手の存在から生じる不確実性　51
　　4-2-3　意思決定者の無知や都合による不確実性　52
　4-3　意思決定の一般的モデルと情報　53
　4-4　情報の不完全性と不確実性　56
　　4-4-1　環境変数に関わる情報の不完全性　56
　　4-4-2　決定変数と環境変数との関係に関わる情報の不完全性　62
　4-5　最適化原理と満足化原理　63
第5章　企業組織と意思決定の垂直的分業 ─────────── 68
　5-1　意思決定の垂直的分業　69
　5-2　意思決定の垂直的分業と不確実性の吸収　72
　5-3　組織レベルと意思決定のタイプ　73
　　5-3-1　プログラム化しうる意思決定　74
　　5-3-2　プログラム化しえない意思決定　75
　　5-3-3　組織レベルと意思決定のタイプ　76
　5-4　組織階層と情報の特性　78
　5-5　組織における情報の基本的な流れ　80
　5-6　効率性、有効性、そして戦略性　84

第2部　経営情報システム ─────────────── 91
第6章　ITとは何か ─────────────────── 94
　6-1　ハードウェア　95

6-1-1　ハードウェアの種類　95
　　6-1-2　ハードウェアの発達（コンピュータの世代交代）　96
　　6-1-3　ムーアの法則とコンピュータ「京」　98
　6-2　ソフトウェア　102
　　6-2-1　ソフトウェアの種類　102
　　6-2-2　プログラム言語の発達（プログラム言語の世代交代）　103
　6-3　データベース管理システム　107
　　6-3-1　データファイルの時代　107
　　6-3-2　データベースの時代　109
　　6-3-3　データベースにおけるデータの表現単位　110
　6-4　通信ネットワーク　113
　　6-4-1　代表的な通信ネットワーク　114
　　6-4-2　ネットワークの発達と企業の情報システム　117

第7章　経営情報システムとは何か ─── 122

　7-1　システムの定義　122
　　7-1-1　構成要素　124
　　7-1-2　共通の目的　125
　　7-1-3　相互作用　127
　7-2　情報システムの定義　128
　　7-2-1　情報システムの構成要素　129
　　7-2-2　共通の目的　129
　　7-2-3　相互作用　130
　7-3　経営情報システムの定義　132
　　7-3-1　経営情報システム開発に際しての考慮対象　132
　　7-3-2　経営情報システムのタイプ　135

第8章　効率性を改善するための経営情報システム ─── 138

　8-1　効率性の追求　138
　8-2　登場初期のコンピュータと企業の経営者　141

8−3　企業における初期のコンピュータの利用形態　143

8−4　初期のコンピュータの適用業務　144

8−5　効率性追求のためのTPSの普及理由
　　　：コンピュータ処理と人間による処理の損益分岐点分析　148

8−6　経営情報システムの伝統的な開発手順（SDLC）　152

8−7　MISの導入方法　154

第9章　有効性を高めるための経営情報システム ────── 158

9−1　TPSとデータ　158

9−2　有効性の追求　161

9−3　狭義のMISの登場とその成果　163

9−4　意思決定を支援する情報が備えるべき要件　165

9−5　MISに対する幻滅感　167

9−6　代表的なMIS　169

9−7　MISの現状　171

9−8　EUCの展開　172

9−9　意思決定支援システム（DSS）　175

9−10　PCベースのEUC　178

第10章　戦略性を高めるための経営情報システム ────── 184

10−1　戦略的意思決定と情報収集　184

10−2　経営者向け情報システム（EIS）　187

10−3　機会や問題の発見と経営情報システム　189

10−4　戦略的な武器としてのSIS　191

10−5　インターネットのビジネスへの本質的な影響　194

10−6　インターネットベースのビジネス　198

10−7　その他の戦略的な武器としての経営情報システム　202

10−8　本書のまとめ　204

第1部
経営情報

本書の第1部では、図表Ⅰに示されているように、組織のマネジャーたちが行う意思決定の観点から、経営情報とは何かを検討する。換言すると、経営と情報が重なる部分（和集合の部分）に絞って、基礎から検討しようと考えている。なお、本書の主たる読者としては、経営学部や経済学部等、いわゆる文科系の学部学生を想定している。そのため、企業で働いた経験のない読者が大部分であることから、企業の意思決定だけでなく、個人の日常生活での意思決定の例を多く挙げることにより、できるだけ平易に理解できるように心がけている。

　組織のマネジャーたちに、適切な情報をタイムリーに提供することは、組織の存続にとって不可欠である。その点に関しては、第1部を通して詳しく論じられるが、そのようなことは、何らかの組織的な仕組みなしには不可能であり、その仕組みが情報システムと呼ばれるものである。そして、本書では、組織の経営に特化したシステムを経営情報システムと呼ぶ。第2部では、図表Ⅱに図解されているように、経営情報に、システムという概念が加えられ、その3つの要素の和集合（重なる部分）に焦点が移る。

　本書を経営情報システム関係の授業のテキストとして利用する場合には、前期のセメスターで第1部を、そして後期のセメスターで第2部を扱うことを想定している。それが筆者が推奨する利用法であるが、第1部のみ、あるいは第2部のみを半期で利用する場合にも、無理なく理解できる

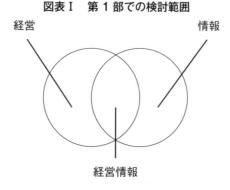

図表Ⅰ　第1部での検討範囲

ように書いたつもりである。授業の進展に合わせて、第2部、あるいは第1部の関連する部分を、事前学習として学生たちに読んでおくように指示することで、彼等の理解度は一層増すはずである。

第1章
意思決定と情報

1-1 情報という言葉の使われ方

　情報（information）という用語は、新聞や書籍、雑誌、あるいは日常の会話の中では、しばしばデータ（data）と区別されることなしに利用されることが多い。さらに知識、知恵、インテリジェンスといった言葉も類似した概念として用いられている。そのため、経営情報システムの領域での議論の多くが、情報とは何かについての共通理解が不十分なままに、様々な観点から、多くの論者たちによってなされているというのが現状である。本書では、情報とは何かについて考えることから始めたいと思う。

　経営情報は、図表Ⅰ-1に示されているように、経営と情報の合成語である。第1部のテーマは、経営の観点から見た経営情報の意味を明らかにすることである。本章ではまず、経営情報システムの領域で用いられる場合、情報は何を意味しているのかを、少し限定的かつ明確に定義することから始めたいと思う。

図表1-1　情報フィードバックサイクル[1]

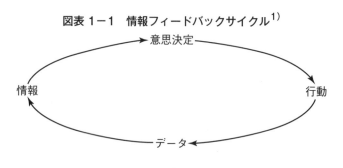

図表 I-1 からも明らかなように、経営情報は経営に関わる情報を指している。ということは、経営に関わらない情報もある。我々個人の私的な日常生活において必要となる情報の多くはそのようなものである。逆に、情報に関わらない経営学の分野もあるだろう。しかし、以下で説明するように、経営上の仕事の多くは、情報を無視しては成り立たないのが普通である。

　データと情報の違いについて、比較的早い段階で経営の観点から整理した研究者の一人は、私の知る限りでは、W. S. デービス（Davis, W. S.）である。彼は、図表1-1に示されるように、意思決定の観点からデータと情報を区別した。

　筆者もデービスにしたがって情報とデータを区別するのがわかりやすいと考えているし、またそうしてきた。以下、デービスの主張をベースに情報とは何かを定義していこうと思う。なお、デービスの著書の初版が出たのは1979年のことであり、まだ decision making（意思決定）という用語が必ずしも定着していなかったのであろうと思われる。彼は decision という一般的な言葉で表現しているが、本書では、decision を意思決定と和訳して用いる。

1-2　意思決定とは何か

　後述するように、我々が行う行動のほとんどすべてに目的、あるいは解決すべき問題がある。無目的な行動は本書での分析対象ではない。目的と問題は、しばしば表と裏の関係にある。目的の多くは何らかの問題を解決することと言い換えることができる。あるいは目的が達成された状況と現状とにはギャップがあるはずであり、そのギャップ（問題）を埋める（解決する）ことと表現することもできる。例えば、食欲を満たすという行為の目的は、空腹という問題を解決することに他ならない。故に、問題解決

も目標達成も本書では特に区別せずに用いることにする。

　前述のように、我々の行動はほとんど何らかの問題解決のために起こされるのであるが、そのための手段は多くの場合複数存在する。具体的にどの手段を選び、実行に移す（行動を起こす）かは、普通は行為者の意志に基づいて決められるのであり、その決め方のプロセスが意思決定なのである。それは、非常に重要な知的プロセスであり、ほとんどすべての行動に先だってなされている（図表1-2）。

　我々は、朝起きてから寝るまでに、些細なものから重要なものまで、平均して1日に1万回の意思決定をしているそうである[2]。その内の大部分は毎日繰り返されているもので、ほとんど無意識に行っていることである（朝のお茶やコーヒーの入れ方、どのカップにするか等）。しかし、意識的で慎重な選択を強いられることも少なくない（雨や雪の日にどの服を着るか、どの靴にするか等）。では、その意思決定を我々は何を頼りにして行っているのだろうか。

　経験や勘に頼るという場合もあるだろう。占いに頼るという場合もあるかもしれない。子供の名前をどうするかの意思決定では、占いを重視するということは今でもありそうである。しかし、経験は新しい環境や変化の激しい環境ではあまり役に立たないかもしれないし、勘や占いでは、他者に説明したり説得する場合には根拠が薄弱である。

　デービスは、意思決定を助ける根拠や材料となるものを情報と呼び、その他の事実に関する記述や測定値等をデータと呼んで区別する。要するに、意思決定者（意思決定する人）が、直面する意思決定、すなわち当面の問題解決や目的達成に関連し、役立つと判断し、それらを根拠に意思決定し

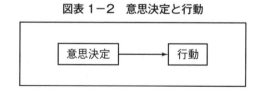

図表1-2　意思決定と行動

図表1-3　情報、意思決定と行動

ようとする材料を情報と呼んでいる（図表1-3）。

　適切な行動をするためには適切な意思決定が必要であり、そのためには適切な情報が不可欠だということである。勿論この関係は確率的なものである。適切な情報が得られれば適切な意思決定が行われる確率が高まり、そして適切な意思決定が可能であれば、適切な行動がなされる確率が高まる。その結果、問題が解決される確率や目標が達成される確率が高まるということである。しかし、行動に対する説明責任を考えると、適切な情報を収集するための努力は、絶対に必要である。

　ここまでは、意思決定と情報の関係を軸に、情報とデータの違いや情報の意味を概略示したが、実は意思決定そのものが非常に複雑なプロセスである。そこで、情報についてもっと詳しく定義するためには、意思決定のプロセスをより詳細に検討する必要があるだろう。

　1978年にノーベル経済学賞を受賞したH. A. サイモン（Simon, H. A.）は、意思決定について詳細な研究を行ってきた。サイモンによれば、意思決定は次の5つの局面によって構成される複雑な知的なプロセスである[3]。

　第一局面：意思決定が必要となる条件を見極めるため環境を探索すること
　第二局面：利用可能な行為の代替案を発見し、開発し、分析すること
　第三局面：利用可能な行為の代替案のうちから、ある特定のものを選択すること
　第四局面：決定事項を実施すること
　第五局面：過去の選択を再検討すること

　なお、サイモンは第三局面で選択された代替案を実施するか否かは、また別の意思決定活動であるとして、実施の局面を外している。そして、第

四局面としては、過去の選択を再検討すること、を採用している。しかし、「意思決定の科学」において、決定事項の実施を重要な局面として触れている[4]ので、筆者は、第四局面として実施を、そして第五局面を選択の再検討とする方が自然だしわかりやすいと考え、上記のように、5局面によって構成されるとしている。

　意思決定はこのように異なる5つの局面から構成されており、さらに各局面がまた場合によっては下位の意思決定サイクルを誘発したり、前の局面に戻ったりする、非常に複雑なプロセスである（図表1-4を参照）。だから、有能な意思決定者は、ここ一番というときに、腕組みをしてしばらく無言で考えた後に、おもむろに決定内容を部下に指示したり、自らパッと行動を起こすといった、ドラマによく出てくるようなものでは必ずしも

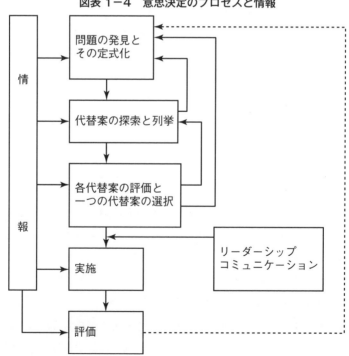

図表1-4　意思決定のプロセスと情報

ないのである。

　筆者の恩師である宮川公男一橋大学名誉教授は筆者が学生の頃、授業でdecision making がなぜ単に決定でなく「意思決定」と和訳されたかについて、次のように説明していたように記憶している。「意」にも「思」にも「考える」とか「思う」という意味がある。故に、問題の発見、その慎重な定式化から始まる上記のすべての局面において考えに考え、あれこれと思いに思った末に、一つの代替案を選択することが「意思決定」の意味だというのである。

　サイモンが単に decision でなく decision making とし、そして単に決定ではなく意思決定と日本語訳が造語された背景には、慎重が上にも慎重に進めろという意味が込められているのである。

　以下ではこの5つの局面についてもう少し詳しく説明しよう。

1-3　意思決定の5つの局面

1-3-1　問題の発見とその定式化

　人間は普通、何らかの問題に直面したり新たな機会が見つからない限りは無意味に行動しようとしないものである。したがって、行動の大前提として、問題や機会の発見という局面が非常に重要な意味を持っている。サイモンの第一局面は、意思決定が必要となる条件を見極めるため環境を探索することであり、彼はこのステップを軍事用語を借りて、**情報活動**（intelligence）と呼んでいる。意思決定のこの最初のステップはまた、問題の発見とその定式化と言い換えることができる。組織の場合は、自組織の外部環境や内部環境に絶えず注意を払い、積極的に探索活動を行い、少しでも早く新たな変化や動きを察知する。そして、その変化や動きの正体を突き止めたり、傾向や動向を明確にし、問題や機会の本質を的確に表現す

るために、さらに精緻な探索を続ける。個人の場合も、自分の周囲や身体に常に注意を払い、危険を察知したり、おいしい話に聞き耳を立てる。あるいは体調の崩れをいち早く察知すべく、常時神経系を働かせている。どこか具合が悪いと感じたら、次に人間は意識的に、体温を測ったり、筆者のように高齢になると、血圧を測ったりすることになる。

　昔から問題が適切に定式化されたら（明確に表現されたら）、その問題の半分は解決されたも同然だといわれる。機会を活かそうとする場合も同様である。そのために、意思決定者は常に内外の環境に関する情報の収集や認知、分析に努めなければならない。だから、常時360度の環境探索が不可欠である。そのためには今日では、インターネットやSNS（ソーシャルネットワークサービス）の利用や、情報システムの整備といった、情報技術（IT）の活用が必要とされるのである。このことに関しては第2部で詳しく扱うことにする。

1-3-2　代替案の探索と列挙

　サイモン流の意思決定の第一局面で確認された問題や機会に対して、どのような対応が可能かを考えるのが次の局面である。ところで、確認され定式化された目的の実現や問題の解決に役立つ行動案は、通常は複数存在する。しかし皮肉にも多くのケースでは、我々は一度に複数の行動案を選択して実行に移すことができない。以下の例を考えてみよう。

＜例1＞　履修科目の選択：前期金曜3限の履修をどうするか
　学生たちは各年度のセメスター毎に、履修登録をしなければならない。その学期や学年の月曜日の1時限から土曜日の2時限までのすべての授業時間帯（コマ）に関する計画を立て、大学に届けるというご存じの作業である。その時には、まずは卒業単位の確保という問題あるいは目標が念頭に浮かぶであろう。しかし、知的好奇心を満たしたいという、是非とも追求していただきたい目的も、ちらちらと浮かんでくることと思われる。そ

図表1-5　前期金曜3時限目の開講科目一覧

・経営情報システム論a	（半期　2単位）
・基礎経営学a	（半期　2単位）
・簿記原理a	（半期　2単位）
・管理会計論a	（半期　2単位）
・日本文学a	（半期　2単位）
・何もとらない	（　　　0単位）

の意味では、毎学期の履修科目選択は重要な意思決定テーマなのである。失敗すると4年で卒業できなかったり、つまらない授業ばかりだったという不満が高まったりするからである。

　どんな大学でも、同一時間に二科目以上履修登録することは、制度上認めていない。学生の身体は一つしかないのだから、同じ時間に二つの教室に出席することはそもそもできない。また、当然であるが、その時間に開講されていない授業は選択対象にはならない。したがって、例えば前期金曜日の3時限目に、経営情報システム論aを選択しようとすると、どんなに日本文学aに関心を持っているとしても、日本文学aを今年度の前期には履修科目として選択することはできなくなる（図表1-5）。同じ理由で、金曜3限には何も履修せずに空けておこうということもできなくなる。こうして、履修の規則にしたがって、すべてのコマに関して決めないと、履修計画を申請できないのである。

＜例2＞　昼食に何を注文するか

　午前の授業は終わった。今朝は軽く食べてきただけだから、そろそろお腹が空いてきている。空腹を満たすために近くの食堂で食事をしようと友人と暖簾（のれん）を潜った。食堂の壁には、以下のようなメニューが貼ってある（図表1-6）。

　メニューに載っている料理はどれも選択対象である。このケースでは、一度に複数の料理を注文できるのだから、＜例1＞とは異なり、一度に複数の行動案を選択できるように思うかもしれない。しかしよく考えてみる

図表1-6　食堂のランチメニュー
・ざるそば
・もりそば
・カレーライス
・ラーメン

図表1-7　食堂の拡張されたランチメニュー
・ざるそば
・もりそば
・カレーライス
・ラーメン
・カレーライスとラーメン
・カレーライスともりそば
・その他の組み合わせ（略）

と、仮にカレーライスとラーメンを注文しようとするならば、カレーライスだけという案も、ラーメンだけという案も、ましてやざるそばやもりそばだけという案も放棄することになる。要するに、上記メニューには、二つ以上を一度に組み合わせて注文するというメニューが隠されているのである（図表1-7）。

どれとどれを組み合わせるかは注文する側の自由だから、食堂側で一々リストアップしていないだけの話である。しかし、基本的なランチメニューに載っていない料理との組み合わせは不可である。

こうした、合成あるいは拡張されたメニューを対象にした場合は、やはり一度にはどれか一つしか選択できない。そして、単体で注文したり、組み合わせて注文することは可能であるが、いずれにしろ、どれにするかを決めないと、注文することができない。

上記二つの例に示されているように、ある目的の達成あるいは問題解決に有効であり、しかも実行可能ではあるが、一度にどれか一つしか選択できないような、択一的な行動案の集合を代替案と呼ぶ。

代替案（alternatives）：ある目的を達成するのに多少とも有効であり、実行可能であるが、しかし、一つの案を選択すると、他のすべての案を諦めねばならなくなるような、そういった関係にある行動案の集合

経験豊富な人間は、意思決定に際して、問題解決や目標達成の手段のい

くつかを瞬時に思い浮かべることができるかもしれない。しかしそれらのパッと浮かんだ代替案のすべてが、直面する問題解決に本当に有効か否かは明らかではない。それに、もっとよい案が存在するかもしれない。だからこの局面でも、さらに経験者の意見を聞いたり本を調べたり、あるいは今日ではインターネットで検索したりという形の情報収集が不可欠である。

1-3-3 各代替案の評価と一つの代替案の選択

　意思決定の第三局面は、前の局面で探索され列挙された代替案のそれぞれについて、それを採用した場合に期待される結果を評価し、最も適切と思われる案を一つ選択することである。サイモンが意思決定の本格的な分析を行う以前には、決定＝選択というのが当たり前で、良きリーダーはパッと決断できる人というイメージであった。要するにこの第三局面だけがクローズアップされていて、代替案の選択のための研究はあったが、第一、第二局面はそれ程重視されてはいなかった。

　各代替案のそれぞれに対して期待される結果を評価するといっても、その結果が現れるのは、直後か遠い先かはともかく、未来のある時点においてということになる。故に、結果に関係するであろう様々な変数（条件や状況）の未来の値を推測するという作業がその前に必要となる。詳しくは第4章で検討するが、そこに不確実性の問題が関係してくる。そうした不確実性を吸収、あるいは減じるための様々な情報の収集がここでは重要になるし、それらの情報を元に推定作業を進めるための知識も必要となる。

　代替案の各々について予想される結果が推定された後に、問題あるいは目標との関係で最も適切と思われる案を一つ選択することになる。この際に、こうなる可能性が高いという事実だけで選択するのか、それともこうなるべきだという意思決定者の価値観が選択に関わるかによって、選択が容易になったり複雑になったりする。価値に関する問題は、個人の意思決定の場合よりも組織の意思決定の場合において一層複雑になる。

すべての代替案を評価した後に、どの結果についても満足できなければ、時間があれば、意思決定の第二の局面に戻り、さらに代替案の探索や開発をするかもしれない。それでもなお満足できる案が見つからなければ、第一局面に戻り、問題の定式化や目標の設定そのものを見直さざるを得なくなることもあるだろう。

　このように、図表1-4の意思決定の各ステップは、上から下に順にいつも整然と進むわけではない。戻っては進み、また戻っては進みというように、反復することも少なくないのである。

1-3-4　選択された代替案の実施

　第四局面は選択された案の実施ということになる。第三局面で選択された案が特に問題ないのであればそのまま実行に移されるであろう。しかし、もしも時間切れ等の理由で、その時点で最良な案が仕方なく選ばれた場合や、他に同等の魅力度の有力な代替案が残されていた場合には、サイモンも指摘するように、そのまま実施するか否かという新たな意思決定に突入するかもしれない。

　個人の場合は普通は選択された案を本人が実施するが、組織の場合は第一局面から第三局面まで担当した人間と実行に移す人間が異なることが多い。マネジャーが部下たちに指示して実行させる場合である。その時には、マネジャー、すなわち意思決定者のコミュニケーション能力やリーダーシップが問題となる。選択した案をきちんと説明できなければ、時間をかけて行った意思決定の結果が実行につながらないかもしれない。リーダーシップがなければ、部下たちが真剣に取り組んでくれないかもしれない。組織論ではこの局面も非常に重要なテーマになっている。

1-3-5　意思決定プロセス全体の評価と反省

　選択された代替案が実行された後には、その成果を確認した上で、行われた意思決定のプロセス全体の評価を行う必要があり、そのための情報収

集が欠かせない。もしも期待した通りの成果が得られなければ、なぜ失敗したかを分析し、これまでの意思決定プロセスのどこが拙かったかを突き止め、次の機会には同じ轍を踏まないようにする必要がある。結果が確定するまでに長い期間がかかる場合には、実施途中であっても、第9章で検討するように、マネジャーは進捗状況に常に注意していなければならない。うまく進捗していないと思われるならば、必要な矯正の指示を出さねばならないかもしれない。

サイモンは、この評価と反省の局面を第四局面としている。しかし、筆者は実施の局面も重要性が高いと考えているので、そちらを第四とし、意思決定プロセス全体の評価と反省を第五局面とした。

1-4 意思決定のための情報収集

以上で見てきたように、我々が日常何気なく行っているように見える行動も、実は意思決定の結果なのである。そして、意思決定はかなり複雑なプロセスであり、それぞれの局面で異なったタイプの情報収集を行っているのである。しかし日常の行動の多くは毎日繰り返し行っているので、そのための意思決定もほぼ無意識で反射的なものとなっている。しかし意思決定プロセス全体のどこか一部にでも新規の要素が入ると、とたんに意識的なものになる。

毎朝起きてから飲む一杯のコーヒーでも、プレゼントされたばかりで飲んだことのないコーヒーを入れようとする場合は、どのように入れようか、どの器で飲もうかと、コーヒー豆の説明書を読みながらちょっと考えるかもしれない。いつもと同じ道を歩いていても、雪の日には一歩一歩の着地点を慎重に決めるようになる。目や耳、バランス感覚等を総動員して、情報を集めるのである。

最近はスマホを使いながら歩いている人が多くなっているが、スマホの

画面を見ながら歩いていると、視野は狭まるし、それ以外の感覚器を通しての情報収集能力も格段に落ちるために、水たまりや犬の糞に気がつかず、下ろしたての新しい靴で踏んでしまうかもしれない。いつも意思決定を意識して行っていると疲れてしまうが、少しでもよい情報があれば、我々は日常の意思決定に関しても、もっと確信が持てるようになり、自信を持って行動することができるようになる。

　また、一人のマネジャー（意思決定者）は同じ意思決定だけに専念して、連続して取り組んでいるわけではない。H. ミンツバーグ（Mintzberg, H.）は、マネジャーたちの仕事を実証的に分析し、マネジャーたちは、「フォーマルな権限から、様々な対人関係が生まれ、この対人関係によって情報にアクセスすることが可能になる。逆に情報によってマネジャーは、自分の組織のために意思決定し、戦略を策定することが可能になる」として、意思決定に関わる役割、情報に関わる役割、そして対人関係における役割に分類される、合わせて10もの役割を平行して担当していることを明らかにした[5]。

　そしてマネジャーたちは、一つの役割や仕事にはせいぜい数分しか集中できない、とも彼は指摘している。要するに、マネジャーたちは特定の意思決定プロセスについて、断続的にしか取り組めないのである。その短い時間においても、彼らはその時その時に向き合っている意思決定のために情報を必要としている。だから、そのような情報は、その時々で本人が意識的に収集しなければならないのであり、いつも偶然に入手できるわけではない。つまり、目的や問題、代替案と同様に、情報も意思決定者が発見したり開発しなければならないのである。

―― 注 ――

1) Davis, W. S., Information Processing Systems, 2nd ed., Addison-Wesley, 1981, p.29.
2) Hertz, N., 中西真雄美訳、『情報を捨てるセンス選ぶ技術』、講談社、2014年、p.17.

3) Simon, H. A., The New Science of Management Decison, Revised ed., Prentice-Hall, 1977, pp.40-44（稲葉元吉、倉井武夫共訳、意思決定の科学、産業能率大学出版部、1979 年、pp.55-60）.
4) 上掲書、p.43、（訳書、p.60）.
5) Mintzberg, H.,「マネジャーの職務」、『H. ミンツバーグ経営論』DIAMOND ハーバード・ビジネス・レビュー編集部編訳、ダイヤモンド社、2007 年、pp.20-34.

第2章
マネジャーの役割と経営情報

2-1 意思決定者としてのマネジャー

　前章での議論では、本書の主たる読者が大学生であろうことを想定して、比較的身近な個人の意思決定を例にしてきた。では、企業や役所等の組織の意思決定についてはどうであろうか。組織の意思決定といっても、グループによる意思決定を除けば、大部分が経営者や管理者と呼ばれるいわゆるマネジャーや業務担当者個人によって行われているのである。つまり、前章の議論の多くは、基本的には企業等の組織においても成り立つのである。第1章で紹介したH. A. サイモンは、意思決定という言葉は、管理することとほとんど同義となるくらい広く解釈されなければならないとか、管理することは意思決定をすることと同義である、との前提に立っていると主張しているほどである[1]。すなわち、企業の経営者や管理者たちにとっての重要な役割は、意思決定をすることである、ともいえそうである。

　企業における意思決定の例をいくつか挙げよう。

- どんな製品を生産するか、どんなサービスを提供するか
- 製品を何単位作るか、サービス窓口をいくつ開設するか
- どこの工場で作るか、どこに店舗を開くか
- どんな生産方式で生産するか、どんな提供方式でサービスを提供するか
- その製品をどんな方法で消費者に届けるか
- その製品やサービスをいくらで提供するか

第2章　マネジャーの役割と経営情報

・新規採用の面接試験で、誰を採用し、誰を不採用とするか
・従業員それぞれにいくらの給料を払うか
・原材料をどこから調達するか
・その製品の生産を続けるべきか
・顧客のクレームにどう対応するか

等々、枚挙にいとまがないほどである。

　ある程度以上の規模の企業では、こうした意思決定のすべてを1人のマネジャーが行うわけではない。その点が個人の意思決定の場合と異なる。また期限も、電話で注文を受ける営業担当者の場合のように、問い合わせのあった注文をいつ納入可能かを瞬時に決めて相手に返答しなければならないような意思決定もあれば、新製品をいつ市場に投入するかといったような、ある程度の時間をかけるべき難しい意思決定もある。しかし、後者に関しても、最終的には誰かが意思決定しないことには、企業は動かないのである。それこそがマネジャーたちの責任であり、存在価値であるといえよう。どんなに困難な問題であっても、その解決のための意思決定をしないマネジャーは無用ということである。

　次章以下で議論するように、企業組織は水平的な分業と垂直的な分業により構成される複雑なネットワークである。マネジャーがそのネットワークのどこに位置するかによって、意思決定の内容は大きく異なる。まったく同じ意思決定を複数のマネジャーが同時に行うなどということはないのである。

　個人の場合も、今日はどの服を着て家を出るかといった、すぐに決めなければならない意思決定がある。一方、どんな業種の会社の入社試験を受けようかとか、卒業後は親元に帰ろうかとか、どこのアパートに住もうかというような、かなり時間をかけて考えるべき意思決定もある。

　しかし、個人であれ組織の中の個人であれ、また短期的な意思決定であれ長期的な意思決定であれ、時機が到来する前に決めるときには決めなければならない点では変わりがない。

2-2　意思決定と情報

　マネジャーの主たる役割は意思決定をすることであるというH. A. サイモンの主張についてはすでに見た。同様に、H. ミンツバーグも、企業家として、障害排除者として、資源配分者として、そして交渉者としての、マネジャーの意思決定に関わる役割の重要性を指摘している[2]。それでは、マネジャーたちは何を頼りに意思決定をしているのだろうか。第1章で述べたように、経験や体験（知識の一種と考えられる）、あるいは直感や勘に頼る意思決定もある。昔は占いやくじ引き、じゃんけん（いわば神の声）に頼ることも少なくなかった。ある地方議会議員選挙で当落線上に2人の候補者が同票数で並んだとき、2人のどちらを当選とするかを決めるためにくじ引きで決めたというニュースがあった。このような制度は、今日においても、議会選挙や大学の学長選挙の場合も含めて、必ずしも珍しいことではない。

　しかし、現代のように変化が激しい時代には、こうした方法が有効でない場合が少なくない。第1章では、意思決定のプロセスへのインプットを**情報**と呼んだ。換言すると、意思決定は情報に基づいてなされるのである。
　W. S. デービスは、図表1-2に示されているように、ある特定の意思決定に直接役立つ事実や知識、見通し等のデータを情報と定義している。彼は意思決定そのものについては詳細には論じていないが、H. A. サイモンの理論をベースに、筆者が第1章で述べたフレームワークを前提とすると、意思決定そのものが非常に複雑であり、それに応じて必要とされる情報も、非常に多様なものにならざるを得ないだろう。故に、これが典型的な情報だというように、特定の知識や事実を示すことは不可能である。そこに情報を考える際の難しさがある。ある意思決定者がある時点で直面しているのは意思決定のどの局面であるかによって、適切な情報自体が異なるからである。汎用情報とか万能情報というようなものは存在しないので

ある。

　第1章の例1の場合、学生は当該学期の履修計画を作成するに際しては、当該学期の時間割表を入手する必要がある。これは最低限必要な情報である。さらに、開講科目の各々についての講義内容や達成目標、評価方法や事前学習と事後学習に要する時間等が詳細に書かれているシラバスも入手する必要があろう。これらは全員に共通する情報といえるが、他にも、履修しようか否かを迷っている科目を既習した先輩や友人たちを見つけて、彼等から実際の講義の印象や試験の形式や難しさ等を教えてもらおうとするかもしれない。念の入った学生の中には、学務課へ行って前年度の履修学生たちによる授業評価アンケートの結果を調べようとする人もいるかもしれない。しかし学生の中には、友達のAさんが取るのを自分も取るからというので、Aさんが何を選ぶかだけを知れば良いという人もいるだろう。このように、何が情報となるかは、履修計画を立てている学生によって異なるのである。しかし、この種の意思決定には、電話帳や今朝テレビで確認した天気予報はあまり役に立たないという点では、全員に共通であろう。全員にとって共通な情報というものは決して多くはないが、共通に情報ではなさそうなものは、いくつでも示すことができよう。

　例2に関しては、メニューだけから意思決定が可能だと思うかもしれないが、この場合も個人差があるだろう。夕方から部活があるかとかアルバイトが入っているかとかといった、午後の予定を加味したり、所持金を確認したりするかもしれない。昨日、あるいは今朝何を食べたかを考慮する人もいるだろう。この場合も、友達と同じものにしようと、友達の注文を待つ人もいるかもしれない。しかしこの種の意思決定の場合は、授業の時間割表やシラバスを眺めてもあまり役には立たないであろう。

2-3　情報の定義

　W. S. デービスは、情報とは、意思決定者が意識的な方法でデータを結合することによって創り出されたもので、それは意味を持つと定義している[3]。P. ワラスは、意味や有用性を付加するために組み合わされたり分析されるデータあるいは事実、と定義している[4]。またK. C. ロードンたちは、人間にとって意味を持ち、役に立つような形式に形作られたデータ、と定義している[5]。いずれの情報の定義でも、人間（意思決定者）にとって意味のあるもので、単なるデータではないとしている。人間とは誰かとか、意味があるとは誰にとっての意味なのかを正確に記述することにより、本書では、情報を以下のように定義する。

　情報（information）：ある目的を達成するための、あるいはある問題を解決するための意思決定をしている人（意思決定者）が、当該意思決定に関係していて、意味を持ち、役立つ（検討する価値がある）だろうと認めたデータ、あるいはそれらの処理結果

　要するに、ある特定の意思決定者が、特定の意思決定の特定の、例えば代替案の評価の局面に至った時に、意味があり、役に立ちそうだと認めたデータ、あるいはそれらの処理結果が情報なのである。故に、意思決定者は誰かが問題であり、何が情報になるかは、担当する人間によって異なる。意思決定者の知識や経験、性格などによっても違ってくるのである。
　また、重要な点なので繰り返すが、意思決定者が意思決定のどの局面にいるかによって、彼あるいは彼女にとって意味のある情報は異なる。問題発見の局面と代替案の開発の局面、評価の局面では、必要とされる情報のタイプは異なるはずである。問題発見に役立ったはずの内容のメッセージも、問題が発生した後で届けられても、当該意思決定者には価値がなくなっ

ているであろう。

　したがって、意思決定者が頭の中で何を考えているかを他の人間が正確に理解することは困難である。換言すると、意思決定の当事者以外には、何が情報となるかはわからないのであり、情報は意思決定者本人が見つけることが大事だということになる。情報の共有という言葉があるが、本当に可能なのか。データの共有は可能であろう。メッセージの共有も可能であろう。しかし、繰り返すが、情報の共有は難しく、共有しようとして流されるメッセージの多くは、個々のマネジャーにとっては雑音にしかならない可能性が高い。

　このように、意思決定者の立場からすると、情報はフロー材的な性格のものであり、ある意思決定の局面にマッチする形で提供されないと価値がない。一方データは、以下で定義するように、意思決定とは独立して存在するものであり、蓄積可能であり、共有可能なストック材的な性格を持つ。

　また、意思決定が未来を指向している（実行は未来、成果も未来）のと同様に、情報も基本的には未来志向でなければならない。過去の出来事は、未来に投影されて初めて価値が生じる。

2-4　データの定義

　W. S. デービスによると、データとは一つの事実である[6]。同じくP. ワラスはデータを個々の事実あるいは断片的な情報と定義し[7]、K. C. ロードンたちは、組織内で、あるいはそれを取り巻く物理的な環境において生起する事柄を記述する、未加工の生の事実と定義している[8]。ニュース、メッセージ、あるいは各種のお知らせ等の文章も、データに含まれることが多く、上記のワラスの定義における断片的な情報とは、その意味であると解するべきであろう。

　以上から、筆者は、データを以下のように定義する。

データ（data）：誰か（何か）が、事象、出来事、あるいは事柄について、数えたり、測定したり、観察したりした結果を、数値、文字、文章、図、静止画、動画、音声、あるいはそれらの組み合わせ（マルチメディアによる）によって表現し、記録したもの

情報技術を前提とした場合は、データとは最終的にはビット（0か1）で表現されるあらゆるものということになる。ところで、データの英単語であるdataは複数形であり、datumが単数形である。しかし単一で存在する場合は人間にとって事実上役に立たず、いくつかのデータが組み合わされ加工されて初めて人間の意思決定の役に立つ（上述の情報の定義を参照のこと）ことから、今日ではデータは単複両方の意味で使われるようである。

定義からも明らかなように、誰も注目しなかったり記述しなかった事柄や出来事に関するデータは存在しない。記述されたとしても、それらの記述が失われてしまえば、当該データもまた永遠に失われるのである。古代エジプトのアレキサンドリアの図書館は有名であるが、古代ローマ帝国との戦いで消失し、今は跡形もない。当時としては膨大な量であったといわれている資料もすべて、その際に失われてしまったそうである。そして、測定したり記述したりした人の興味や偏見（主観的要素）もデータには含まれている可能性がある。機器を用いて測定され、自動的に記録される場合も、その機器を設定した人の意図が若干とはいえ反映されているかもしれない。

N. ハーツは、
・人はひとつのものに注目するあまり、本来注意を向けるべき他のものに目がいかないことがある（非注意性盲目）
・実際には測定できないものにまで数値が付けられてしまうことがある（数字崇拝）
等の例をあげながら、データというものの限界や特徴に注意を呼びかけて

いる[9]。

S. プラウスは、認知心理学の立場から、
・人は「こう見えるだろう」とか「こう見えてほしい」という願望にかなうように選択して対象を見ている（選択的知覚）
・記憶とは、引き出すときに作られるものだ。記憶の内容を書き出してもらうと、90パーセントは省かれているし、思い出した内容の半分は大幅に間違っている。すぐに記録することが大事だ

等の、人間の観察力の弱点や限界に関する、興味深い事実を多数紹介している[10]。

また、測定し記述するというプロセスが介入する以上、データは基本的に過去の事柄に関するものである。将来に関するデータは定義上存在し得ない。

情報は特定の意思決定に直面する特定の意思決定者にとって価値あるものという定義からも明らかであるが、情報はその価値が問われる。一方、データはその真偽は大きな問題となるが、データそのものの価値は問われない。より厳密に表現すると、データの価値は、意思決定者によって価値ありと認識され、利用されるまでは、不確定なのである。

データ処理の領域ではGIGOという頭字語がしばしば登場する。gabage in, gabage outの略語であるが、ゴミのような信頼できないデータが処理されると、ゴミのような信頼できない情報が創り出されるということで、正にここにデータの本質がある。真でないデータは決して残されてはいけないのであり、大げさにいえば、誤った歴史が語られることになる。

第2部で詳述されるように、最近は、データはコンピュータ上にデータベース（databsae）の形で大量に蓄積されることからも明らかなように、データは本質的に蓄積・移転が可能な、ストック材的な性格を持つ。この点でも、フロー材的な情報とは異なる。ストック材である以上は、少量よりも大量の方が良いが、収集や確実な維持のためには相当のコストがかかる。図書館に蔵書されている図書も基本的にはデータの集まりである。図

書館もその蔵書数を互いに競うことがあるが、そのための大規模な書庫や、防災設備、空調設備等に要する維持費用を考えれば理解しやすいだろう。

2-5 データ処理と情報

　以上、データと情報の違いについて検討してきた。情報は、意思決定者の立場から、複数のデータが加工・処理されて創られるものであることを指摘した（図表2-1参照）。

　要するに、情報は、大量に存在するデータの中から、当面の意思決定に関連すると思われる特定のデータを抽出して一覧表に並べたり、抽出された一連のデータをグラフ等に加工したり分析したり（これをデータ処理と呼ぶ）して創られる。データは前もって収集されているが、情報は意思決定のある局面において特定の意思決定者がその都度、意識的に創り出す、あるいは創ってもらうものである。そして、情報は役割が終われば、たいていの場合は捨てられてしまう。しかし元のデータは依然として存在し続け、次の機会に再び利用されるかもしれない。

　データ処理は、コンピュータが出現する以前には、人間が紙と筆記用具と計算補助の機器（日本では算盤）を使って行っていたが、今日ではコンピュータ等の情報技術を用いて行われるのが普通である。このことは第2部での主要なテーマである。

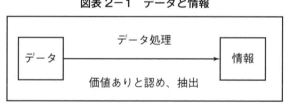

図表2-1　データと情報

2-6 ビジネスインテリジェンスと知識

　最近ビジネスインテリジェンス（business intelligence：BI）という用語がビジネス書や雑誌等にしばしば登場する。この語は明らかに、軍事用語のインテリジェンス（情報活動や諜報活動等）からきているが、効果的で重要な、しばしば戦略的な意思決定を支援する、顧客、競争相手、ビジネスパートナー、競争環境等に関する情報の集まりを指す[11]。顧客に関するビジネスインテリジェンスを例にすると、多くの顧客たちの年齢、性別、営業担当者、過去半年の買上げ額、等々を含む情報の集まりである。

　知識（knowledge）は経営学の分野でも重視されるようになっている。辞書を引くと、ある事項について知っていることとか、知っている内容（広辞苑）、ある事柄に対する明確な意識と判断（日本国語大辞典）とある。基本的には個人に対して用いられていて、高い知識や教養のある人を、知識人と呼ぶこともある。

　経営情報システムの文脈において、筆者は知識について、次のように考えている。すなわち、知識とは、意思決定者がある意思決定をする際にすぐに利用できる内容や事柄で、記憶として頭の中に備わっていたり、経験を通して体の一部に備わっているものをいう。いざというときに本やマニュアル、インターネット等で慌てて調べたりするものではない。メタ情報といっても良いかもしれないが、情報を情報として認識したり、意味を理解したり、判断したりする際に役立つもので、知識がないとそもそも意思決定ができないのである。

　知識の吸収の仕方には二通りあり、一つは文章や話といった言葉を中心に獲得されるもので、これは形式知と呼ばれる。大学の講義や書物、論文等により獲得される知識である。もう一つは暗黙知と呼ばれるが、自転車の乗り方、泳ぎ方、おいしい自分の味覚にあった味の料理の作り方のように、体験を通して覚えるもので、いくら本を読んでも体得できないタイプ

の知識である。形式知も暗黙知もしっかり身についていれば、いつでも適用できる。

　上述の如く、図書館の蔵書は知識の宝庫ではあるが、個々人の知識とは無関係に存在していて、その点ではデータと同じである。故に、データベースと同様に知識ベースと呼ばれることがある。しかし、書物の内容が個人の頭脳に移植されて初めて、その人たちの意思決定に役立つことになる。形式知はデータと同様に蓄積可能であり、ストック材的な性格を持つ。形式知は他者の話や書物から学習し、記憶することを通して頭の中に蓄積できるし、人と人、人と書物との間で移転可能でもある。しかし忘れやすいという欠点がある。暗黙知も個人レベルでは蓄積可能であるが、人から人への移転は困難である。ただし一度身につくと、時間が経過しても忘れにくく、一度泳げるようになった人は、しばらく泳がなくても、必要とあらば再び泳げるものである。暗黙知の共有の研究は、ナレッジマネジメントの分野で進められてきている。

2-7　国家の情報収集と企業

　良い情報には大きな価値があるから、個人の場合も組織の場合も、かなりの費用をかけてでも、良い情報を入手しようと努力するのが普通である。例えば企業では、
　　・特定の情報を購入する
　　・情報技術を用いたデータ処理システムを構築し、情報を生成する
　　・アナリストを雇用し、より良い情報の獲得を担当させる
等々である。
　国家レベルでは、情報収集の手段も多様だし、費やす予算も莫大である。国家の存亡に関わるということで、場合によっては無制限に近いこともある。

第2章 マネジャーの役割と経営情報

　小谷賢によると、米国では組織的な情報収集が行われていて、その手法には以下のようなものがあるそうである[12]。
　　人的情報（ヒューミント）：情報関係者の聞き込みや情報提供者からの情報収集
　　通信情報（シギント）：相手国の通信の傍受等による収集
　　公開情報（オシント）：新聞やインターネット等で公開されている情報の収集
　　画像情報（イミント）：航空機や偵察衛星等による写真情報の収集
　　電子情報（エリント）：航空機や電子偵察衛星等による各種電子情報の収集
　　テレメトリー情報（テリント）：通信傍受以外の電波信号の収集

　オシントは、国家レベルでも民間企業でも、ごく一般的に行われていて、もちろん合法的な収集方法である。以前には、入社したての新人たちは、先輩や上司の指示で、毎朝一定時間、ある特定のトピックスに関しての新聞記事の切り抜きをしたという話を聞いたが、これはオシントの一環である。こうした方法によってでも、競合企業に関する重要な情報をかなり集められるそうである。国家機密もしばしば得られるそうである。今日ならば新聞よりもインターネットのチェックの方が一般的かもしれない。
　ヒューミントでは、しばしば映画やテレビドラマにでてくるような、007を代表とするスパイたちが登場したりする。民間企業でも以前には時に行われたともいわれているが、非合法の場合が多い。
　シギント、イミント、エリント、テリントを民間企業が行うことは難しく、実際には国家レベルでの話となろう。米国の場合、こうした任務を持つ代表的な機関には、以下のようなものがある。
　　CIA（central intelligence agency）：米国中央情報局
　　NSA（national security agency）：国家安全保障局
　　FBI（federal bureau of investigation）：連邦捜査局

これらには一定の役割の分担があるが、中でもNSAは米国最大の情報機関であり、活動や役割等の詳しい内容については、予算も含めて米国内でも非公表で、秘密のベールに覆われているとのことである。
　知識は基本的には意思決定者の頭脳の中に記憶として存在し、必要な時にすぐに思い出せるものか、あるいは体験を通して体に染みついているものである。知識はある特定の意思決定の特定の局面において、役に立つと思われるデータあるいは情報の存在や所在、その抽出や処理の方法や根拠等を意思決定者に教えてくれる。意思決定状況に関連する理論やモデル、方法等に関する知識は、情報を生成したり効果的に利用するのに役立つ。企業が特定の領域での専門的な知識を短期間で獲得することは難しいので、その種の知識の豊富な人材をヘッドハンティングするという形で社内に取り込むことも、一般に行われている。
　上述の如く、意思決定者にとって良い情報を獲得するためには知識が不可欠である。情報は誰かから与えられるようなものではない。意思決定者自身が、目下直面している特定の意思決定の特定のステップにおいて必要と判断する、あるいは役に立つと思われる情報を積極的に求めていかなければならないのである。
　情報を自ら求めようとするには、しばしば言われるように、**問題意識や目的意識**が不可欠である。特に意思決定の第一の局面である問題発見では、問題意識を持っていない人間にとっては、問題を示すシグナルも兆候も情報として認識できないであろう。そうした人間にとっては、毎日が失望とサプライズの連続である。目的意識がないと、その人は目の前にぶら下がっているチャンスさえも見落としてしまうのである。その意味では、知識と同様に問題意識や目的意識も、意思決定者の頭の中に存在していなければならないのである。
　知識があり、問題意識や目的意識があって初めて意思決定者は外部からのシグナルやデータに注目し、情報として認識し、意思決定に活用できるのである。以上をまとめると、図表2−2のように表現できるであろう。

第2章　マネジャーの役割と経営情報

図表2-2　意思決定者の知識や意識と情報活用

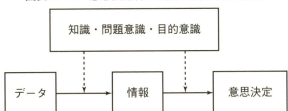

―― 注 ――――――――――――――――――――――――――――――

1) Simon, H. A., The New Science of Management Decison, Revised ed., Prentice-Hall, 1977, p.39 および p.44（稲葉元吉、倉井武夫共訳、意思決定の科学、産業能率大学出版部、1979年、p.54 および p.60）.
2) Mintzberg, H.,「マネジャーの職務」、『H. ミンツバーグ経営論』DIAMOND ハーバード・ビジネス・レビュー編集部編訳、ダイヤモンド社、2007年、pp.29-34.
3) Davis, W. S., Information Processing Systems, 2nd ed., Addison-Wesley, 1981, p.28.
4) Wallace, P., Information Systems in Organizations, Pearson, 2013, pp.10-11.
5) Laudon, K. C. & J. P. Laudon, Management Information Systems, 12th ed., Prentice. Hall, 2012, p.15.
6) Davis, W. S., 前掲書、p.28.
7) Wallace, P., 前掲書、pp.10-11.
8) Laudon, K. C. & J. P. Laudon, 前掲書、p.15.
9) Hertz, N., 中西真雄美訳『情報を捨てるセンス選ぶ技術』講談社、2014年.
10) Plous, S., 浦谷計子訳、判断力 – 判断と意思決定のメカニズム –、マグロウヒル・エデュケーション、2012年.
11) S. Haag, et als., Management Information Systems, 6th ed., McGraw-Hill Irwin, 2007, p.6.
12) 小谷賢著『日本軍のインテリジェンス』講談社選書メチエ、2007年、p.9.

第3章
情報→意思決定→行動→データ→情報のループ

　第1章と第2章では、意思決定と情報の定義を試みたが、その際に基礎としたのは、W.S. デービスの以下の情報フィードバックサイクルの図である[1]。

　筆者は、この図に関連するその他の要素をいくつか書き加えたものを、情報→意思決定→行動→データ→情報のループ（図表3-1）と呼んでいる。本章では、図表3-1に基づいて、企業や大学といった組織での意思決定について、もう少し詳しく説明しようと思う。とはいっても、筆者には私立大学で働いた経験しかないので、書物等から知り得たことや、40年の教員生活、そして4年間の副学長（兼常務理事）時代のトップマネジャーとしての個人的な経験がベースになっている。また、組織の意思決定とはいっても、以下で書かれていることの多くは、個人の意思決定においても成り立つであろう。

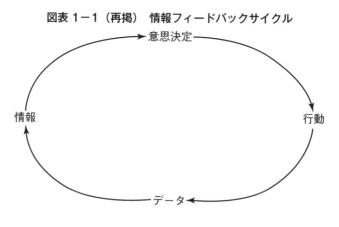

図表1-1（再掲）　情報フィードバックサイクル

3–1　情報→意思決定→行動→データ→情報のループ

　W. S. デービスの情報フィードバックサイクル（図表1–1）は、意思決定の基本的な枠組みを説明するものであり、意思決定のアウトプットは何かとか、その結果としての行動については、必ずしも明らかにされていない。要するに、意思決定と行動との関係が曖昧なのである。本章では、図表3–1を用いて、これまでの議論をもう少し精緻化し、意思決定と行動との関係、データの源泉、データと情報との関係、知識の役割とタイプ、知識の源泉等について、詳細に検討することにする。

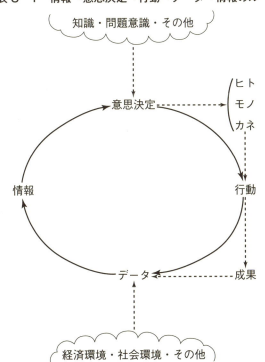

図表3–1　情報→意思決定→行動→データ→情報のループ

図表3-1のループの部分はデービスのアイデアからきているが、そこに意思決定の内容を表現するために、ヒト、モノ、カネという、いわゆる経営の三大資源が書き加えられている。さらに、知識や問題意識、目的意識といった、前章で説明した、意思決定者の頭の中に内在すべきものが書き加えられている。そして、企業や役所、学校等の一般的な組織にとっては不可欠な、組織の内外のデータの源泉が書き加えられている。知識やデータ、そして情報の三つは、合わせてしばしば情報資源と呼ばれている。図表3-1には、ヒト、モノ、カネと、情報資源のすべてが明示的に加えられているのである。

3-2　行動につながる意思決定と経営資源

　企業での意思決定の場合、ある特定の問題解決あるいは目標達成が最終的な目的になるから、開発・列挙され、評価され、選択される代替案も、当然それらの具体的な目的に関係しているはずである。そして、企業等の組織における行動には必ず、ヒト、モノ、カネといった経営諸資源の消費が結びついている。このことは個人の行動においても同様だが、企業の場合は、資源の消費量が桁違いに大きいのである。ヒト、モノ、カネは伝統的に経営の三大資源とも呼ばれ、重視されてきた。それらの合理的な使用法に関する研究は、経営学の重要なテーマとなっている。
　要するに、組織の意思決定とは、なぜ、何を、誰が、いつどんなタイミングで、どこで、どれだけの予算でどのように、行うかを決めることなのである。換言すると、評価や選択の対象となる代替案はすべて、上記6項目に関する具体的な指示によって構成されていなければならないのである。本書では、what、who、when、where、why、howの5W1Hが明確に示されたものを、代替案と呼んでいる。
　この6点がはっきりしていれば、意思決定者本人が実施しようと、他の

誰かに実施させようと、意思決定によって選択された行動が起こされる可能性が高まる。この内のどれかが不明確だと、期待した行動が取られないかもしれない。

　個人の意思決定の場合は、実行するのも本人であり、誰に実行させるかについて悩む必要はない。その点は企業での意思決定の場合とは異なる。しかし、個人の場合でも、何かをする際にはそれなりのカネが必要となる。また、服装とか履き物とか、道具、材料その他、モノについても決める必要がある。個人の場合の意思決定の多くは日常生活の中で反復的になされているために、無意識に下されることが多い。重要な問題を解決する際には、個人の意思決定においても同様に、5W1Hをしっかり決めることが大事であるが、しばしばこの点を曖昧にしたままで実行に移してしまいがちである。その結果、途中で何が何だかわからなくなり、途方に暮れるという事態に追い込まれることになる。

3-3　意思決定と知識

　以上述べてきたように、企業の経営者や管理者たちは、ヒト、モノ、カネ、そして、目には見えない時間という一種の資源（when）の組み合わせによって記述される、いくつかの代替案を開発し列挙する。次に代替案のそれぞれを評価し、その中から、問題解決あるいは目標達成の観点から見て最も良い成果が期待されると思われる代替案を一つ選択する。最後にその案を自分で、あるいは誰か他の人（意思決定者がマネジャーの場合は、誰にやらせるかもwhoの形で代替案の中に組み込まれているはずである）に指示して、実行に移すのである。

　図表3-1は、その意思決定は、情報と意思決定者の知識等を用いて行われることを示している。ということは、情報や知識の質によって行動の質が左右されることになる。故に、情報や知識は、ヒト、モノ、カネといっ

た経営の三大資源の働きを決定することになり、その意味では、それら一般的な資源に勝る、あるいはより上位の経営資源ということができよう。

　大学の経営学部では伝統的に、ヒト、モノ、カネに関する講義が多数開講されている。経営の三大資源の利用に関する研究は古くからなされていて、そうした研究の成果である理論や法則、知見、事実、歴史等を、次代の経営に関わるであろう若い学生たちに伝えようというのである。

ヒトに関する講義には、
　組織論、人事（労務・人材）管理論、心理学、等がある。
モノに関する講義には、
　生産管理論、在庫管理論、流通論、物流論、マーケティング論、等がある。
カネに関する講義には、
　財務管理論、簿記論、会計学、原価管理論、監査論、等がある。
情報や情報資源に関する講義には、
　経営情報システム論、情報管理論、統計学、情報リテラシー、等がある。
カネとモノの関係を扱う講義には、
　経済学の諸科目がある。
それらの領域を越えたより総合的な講義には、
　経営学、経営管理論、経営戦略論、競争戦略論、経営史、等がある。

　これらの講義の多くは座学の形式で行われている。すなわち教室での教授たちによる、言葉や板書、そして最近はパワーポイント等を用いての解説や説明が中心である。要するに、形式知の伝達である。もしも学生たちが興味を持ってこれらの講義を聴き、関連資料を調べ、参考図書を参照する等により、講義された理論や知見、仕組みの一部が彼等の頭の中にしっかり記憶されれば、卒業して就職し、将来なにかの分野のマネジャーになったときに、意思決定においてきっと役に立つことがあろうと期待しているのである。彼等が将来、問題や機会に直面した時に、どの分野の本や資料

を調べたり、誰にどんな形で質問すれば適切な答えが得られそうかのヒントが得られるかもしれない。知識が何もないよりは有利になろう。

この点で大学は、特定の領域に絞り、即戦力としての技能や知識を受講生たちに身につけさせようとする専門学校とは異なる。我が国の大学の卒業生は、特に私立大学の卒業生は、即戦力として役に立たないとしばしば批判される。これは汎用性を重視するのか即効性を重視するのかの問題であり、そう簡単には優劣をつけられないのではないだろうか。

3-4 データの源泉

図表3-1からも明らかであるが、必要な情報の多くは組織が有しているデータから得られる。そして、第2章でも述べたように、データの多くは今日、資料室や図書館で管理されている資料のように紙で保存されることも少なくないが、コンピュータによって管理されるデータベースの形で維持されることが一般的である。問題はそのデータベースに取り込まれるデータの源泉である。

企業は真空の中で操業しているわけではなく、常に環境の中で活動している。したがって、マネジャーたちも環境を無視して経営を続けることはできない。環境の定義には様々なものがあるが、本書では、意思決定者が完全にはコントロールできないもののすべてというように考えている。故に、企業を取り巻く内外の利害関係者のすべて（顧客、取引先、地域住民、投資家、株主、金融機関、競争企業、政府その他の公的機関、そして従業員から自然環境までをも含む）が環境である。

それに対応して、図表3-2に示されているように、企業のデータの源泉は、社内と社外の2種類の源泉があると考えることができるだろう。以下、それぞれについてもう少し詳しく検討しよう。

3-4-1　社内のデータの源泉

　社内のデータの源泉は、意思決定の結果としてなされた行為に関する測定とその記録、そして成果に関する測定記録である。意思決定の内容を部下に指示した文書やメールも、きちんと記録され、保管される必要がある。社内の様々なレベルでの会議で審議されたり報告されたりした内容は、議事録のような形で記録され、保管されているだろう。それらはすべて、後になって（意思決定の第五局面として）行われる、当該意思決定プロセスの見直しや検討の際に必要となる、貴重なデータの源泉なのである。これらがデータとして保管されていないと、誤った行動の原因が、意思決定の誤りか、コミュニケーションミスか、指示された部下の怠慢なのか、不運としかいいようのない不可抗力的なものか、はっきりしなくなる。しかしこうしたデータを組織的に記録し、保管していない組織は少なくないかもしれないし、記録の詳細さの程度が不十分だったりするかもしれない。また、必要なときにすぐに参照できるような形で保管されていないかもしれない。

　ヒト、モノ、カネの組み合わせとして記述された、ある特定の代替案が一つ選択され、部下にその遂行の指示がなされることにより、具体的な行動が起こされることになる。実際に遂行された行動の内容が記録され、保管されることも必要である。このような行動の記録は、多くの企業で以前から行われてきた。例えば業務日誌や業務報告書等がその一例である。しかしこれらに関しても、詳細さの程度が不十分だったり、形式も含めて全社的に不統一だったり、検索が不便で、いざというときに直ちに参照できない場合が少なくない。

　古くから最も体系的かつ包括的に記録され、保管されてきたのは、なんといっても会計データであろう。企業の行動の大部分が何らかの形でカネという資源と関係しているために、お金の流れをきちんと追跡し、記録し、保管しておけば、後になって行動の軌跡が辿れるようになる。簿記はまさ

にこのためのメカニズムであり、時間をかけて、一企業を越えて、全国的な、そして最近ではグローバルな標準化が図られ、社外の利害関係者たちから見ても、その透明性が高まってきている。簿記により体系的に収集されたデータは、主たる目的に応じて、財務会計、管理会計、そして税務会計の立場から分析され、組織内外の関係者達に報告され、彼らの意思決定に役立てられることになる。

　金額データ以外にも、行動の結果が機能別に、人事データ、在庫・資材データ、生産データ等の形で測定され、記録、保持されている。特に、日常の業務を通して知り得る顧客の個人データ（誰が、いつ、何を、いくらで、いくつ購入したか、そしてその顧客の年齢、性別、住所、電話番号、メールアドレスや生年月日、等）は非常に貴重なデータである。これらは前章でも触れたが、ビジネスインテリジェンスの源泉ともなり得るのである。今日ではこれらのデータや会計データのほぼすべてが、コンピュータ上で保管されるようになっていて、検索、分析処理を瞬時に行うことが容易になっている。

　ところで、企業にとって重要な目標は、行動そのものではなく、より高い成果を上げることである。成果は売上高や売上数量、各種利益額、同利益率、それらの対前年度伸び率、マーケットシェア等を通して測定されるであろう。場合によっては有料の社外のデータ源に頼る必要があるかもしれない。また、顧客からのクレームのように、言葉による記録や、返品率のように正確な測定にはタイムラグが発生するようなデータも考えられよう。しかし、このようなデータをしっかり捕捉し、記録することが、企業にとっては不可欠である。

　これらのデータの多くは、主として社内で捕捉可能であり、最終的にはデータベースに蓄積され、保管されることになる。第2章で述べたように、データの価値は不定であり、高いとも低いともいえない。しかし、様々なデータが体系的にきちんと維持されていないと、将来の意思決定の際に、欲しい情報を直ちに創り出すことができないといった、不便なことが起こ

るかもしれないのである。

3-4-2 社外のデータの源泉

環境データ、特に国内外の経済環境や政治環境、自然環境等に関するデータは、第5章と第10章で検討されるように、経営戦略の策定には不可欠である。しかしこれらのデータは、前述のような社内で収集可能なデータと違って、日常の業務を通じては入手困難である。故に、これらに関しては、企業が意識的に社外に目を向けて収集に努めなければ獲得できない。図表3-1にはそのような社外のデータの源泉が書き加えられている。そして、これらのデータの収集は、上述のような顧客データとは異なり、日常業務の副産物として入手可能なわけではなく、通常はかなりの費用がかかる。

国家レベルでは、第2章でも紹介したが、米国のように巨額の予算を投じて、様々なデータを大量かつ体系的に収集可能な国家もあるが、民間企業の場合はそこまではできない。多くの企業は新聞や雑誌、インターネットを通しての、いわゆるオシントのような方法で収集することになろう。マーケティング関係のデータや投資関係のデータ、そして外国の政治、経済データなどは、専門の情報会社から有料で購入している企業も少なくないだろう。これらも企業のデータベースに蓄積されることになる。

3-5　データから情報へ

第2章での情報の定義からも明らかであるが、情報は、特定の意思決定の特定の局面において、意思決定者が関連するとか役立つと考えたデータを抽出、列挙したり、それらのデータを統計処理したり、わかりやすく図表等で表現したものである。データの価値は不定であると述べたが、この瞬間にデータは大きな価値を持つ情報に変わる。

第3章 情報→意思決定→行動→データ→情報のループ

　図書館の膨大な数の蔵書も、手にとって目を通したり真剣に読んだりする人間が現れるまでは、何の役にも立たない。しかし、誰かがある特定の本を手に取ったり図書館の職員に貸し出しを依頼した瞬間に、その本には価値が生まれる。もしも誰かがリクエストした書籍が収納されていなかったら、図書館は新たに購入するか、他の図書館のリストを検索し、貸し出し依頼をしなければならない。

　データも同様で、ある意思決定者が必要だと考えた情報を創り出そうとしたときに、利用したいと思ったデータがデータベースに蓄積されていなければ、何らかの手段でそのデータを新たに収集するとか、有料のデータベースを利用するといったことが必要となる。そのためには当然費用や時間がかかるし、そもそも当面の意思決定のための情報の入手ができず、故に、不十分な情報に基づいて意思決定をせざるを得なくなる。だから、どれだけの価値があるかとか、何の意味があるかとかに関わらず、企業は関連すると思われるデータは収集し記録し、保存しておくことが望ましいのである。

　しかし、どのデータをデータベースから抽出し、それらにどんな処理を加えて、どんな形式の情報に変換するかは、当該意思決定者本人が考えるべきことである。意思決定者の頭の中で、どの意思決定のどの局面が進行しつつあるかを、第三者が知ることができないのだから、それは当然である。

　第9章で説明するが、エンドユーザーコンピューティング（EUC）という情報技術の活用方式が、多くの企業に普及している。個人専用のパソコンとユーザーフレンドリーなデータ処理のためのソフトウェアを用いて、意思決定者が自分で、会社のデータベースから必要なデータを取り出し、自由に処理して情報を創り出そうというのである。

　このためには、意思決定者は当面の意思決定にとってどんな情報が必要か、それはどのようなデータから創り出せるか、そのデータはどこにあるか、等々についての知識をもっていなければならない。さらに、データ加

工のための統計知識も必要となるし、パソコンを自由に使いこなすための知識も必要となる。こうした知識があって初めて、データベースが活かされるのである。さもなければ猫に小判で、データベースにどんなにお金をかけても、また高性能のパソコンやソフトウェアを配備しても、それらは宝の持ち腐れで、意思決定の質の向上にはつながらないだろう。

　問題解決にあたって担当マネジャーは、これはヒトに関する問題なのか、モノに関する問題なのか、カネに関する問題なのかを識別することから始めることになる。そのためには、ヒトに関する理論や法則、知見、モノに関する理論や法則、知見、カネに関する理論や法則、知見が必要である。代替案の開発や評価に際しても同様である。大学での講義をしっかり受講したり、様々な本を読んだりすることは、決して無駄にはならないのである。これらの多くは形式知に属するから、大学に入らなくても自習可能である。しかし、自習はかなりの覚悟と目的意識が伴わないと、なかなか大変である。大学での卒業単位というアメとムチの下で学ぶ方が、容易である。

　意思決定者にこうした知識がある場合、遡って、データベースの中のデータの真偽が問題になる。第2章で述べたが、GIGOという考え方がある。真偽が曖昧でいい加減な、でたらめなデータが混じっていると、それらのデータを分析加工して得られた情報はゴミみたいなもので、意思決定に役立たなかったり、意思決定者をミスリードしてしまうかもしれないというのである。

3-6　企業の存続、発展とループの永続的な回転

　本章では、図表3-1の、情報→意思決定→行動→データ→情報のループの構成要素のうち、主として意思決定と行動、行動とデータ、そしてデータと情報の関係について詳細に検討した。情報と意思決定の関係は第2章

で検討してあるので、本章と合わせて、情報→意思決定→行動→データ→情報のループの全体の説明が終わったことになる。

　企業や大学のような組織の場合も個人の場合も、このループが途切れることなく回り続けることが、その組織や個人にとっての存続、発展の重要な条件となる。このループのどこかが切れると、どうなるか。最後にそのことを考えてみようと思う。

①意思決定と行動の関係の切断
　意思決定と行動の関係が切れると、その行動は目的のない無意味なものとなる。本人も何をしているのかわからないということであり、合理性を欠く行動の連続となる。飲み過ぎたり薬物等により正体を失った人間の行動は、その結果に対して場合によっては責任すら問われないことがある。要するにまともな一人前の人間の行動とは考えられないのである。こんなことでは組織や個人として失格である。時間つぶしのためとか、適度のウォーキングのためとか、近所を探索しようとかの目的で、特に目標もなくぶらぶらと歩き回るということがあるが、この場合は目的意識ははっきりしていて、だからちゃんと家に帰れるのである。

②行動とデータの関係の切断
　H. A. サイモンも強調しているように、意思決定プロセスの最後の局面は当該意思決定の評価と反省である。換言すれば学習である。行動をきちんと記録し、さらに成果も測定し記録することによって、どの程度目標が達成されたか、問題が解決されたかがわかる。もしも行動や成果の測定や記録がないと、行動はやり放しということになり、将来再び類似の意思決定状況に遭遇しても、過去の経験を活かすことができない。毎回新規の意思決定になり、これでは時間がかかるし経験も蓄積されない。

　ラジオで聞いた話だが、太平洋戦争中に、A国軍はB国軍の艦船を攻撃する場合、爆撃機や戦闘機の他に戦果を確認することを任務とする航空機が数機参加していて、戦果を把握し報告していたそうである。B国艦船

の回避行動や反撃パターンも当然記録され、次の作戦に活かされたという。一方のB国軍にはそのような制度は確立されておらず、攻撃に参加したパイロットが帰隊後に自らの戦果を報告していたそうで、過大報告が目立ったという。最終的に、A国とB国のどちらが勝ったかは、説明するまでもないだろう。

③データと情報の関係の切断

　情報は、膨大なデータの中から関連すると思われるデータが抽出され、一覧表が作成されたり、組み合わされて分析されたりして創られる。故に、データが蓄積されていなければ、いざというときに必要な情報を速やかに獲得することができない。今日ではインターネットで検索すれば良いと思うかもしれないが、ネット上にはそうそう都合良く知りたい情報が転がっているわけではない。また、N.ハーツが様々な事例を用いて述べているように、ネット上のコメントや記述が正しいという保証はまったくないのである。「なりすまし」や「やらせ」の横行、そして、そもそも専門家といわれる人たちの予測は外れることが多い、等々である[2]。

　くり返すが、将来どんな情報が必要になるかわからないから、現時点で価値があるかどうかはわからなくても、入手できるデータは、真である限りは、データベースに蓄積しておくべきである。クラウドコンピューティングの普及等により、ハードウェアの記憶容量や費用をあまり気にせずに、データベースにデータを記憶させることができるようになっている。テレビのワイドショーでしばしば話題になるゴミ屋敷にならぬよう、真のデータだけを多く残すべきであろう。

④情報と意思決定の関係の切断

　この問題に関しては、第2章の情報の定義の際にも触れているが、情報なしで意思決定を進めるということは、経験や直感を頼りにするということである。経験や直感力は、トップマネジャーに要求される重要な能力の一つだといわれる。確かに新規というか新奇な問題に直面した場合には、この能力に頼るしかないかもしれない。しかし、こうした問題はそう頻繁

に起こることではあるまい。すでに繰り返し述べているが、経験にだけ頼る意思決定は、今日のように環境の変化が激しい時代には非常に危険であるし、直感に頼る意思決定では周囲の人たちに対して説得力を持たない。積極的に情報を集め、情報に基づいた意思決定をすることにより、長期的に安定した成果を上げる確率が高まるであろう。

以上、図表3-1のループがきちんと回るようにすることの重要性を述べてきた。このことは、企業の場合にも個人の場合にも同様である。簡単なものでも良いから個人的な日記を書き続けたり、家計簿を付けたりして、定期的に見直すことは、我々の生活の質の向上に寄与するかもしれない。

3-7　意思決定の観点からみた、学生と社会人の違い

最後に、学生たちが大学を卒業し、就職してから直面する意思決定と、学生時代の生活での意思決定との主たる違いについて言及しておこう。

①機会や問題の発見

学生時代には、問題は与えられることが多い。端的な例としては、試験問題がある。特に大学入試までは、与えられた問題をいかに早く、正確に解くかが勝負であり、自分で問題を発見したりそれを定式化したりすることはあまりない。しかし、就職してしばらくすると、自分で機会や問題を見つけなければならなくなる。就職での面接に際しても、問題意識や目的意識の有無を問われることがある。

②問題解決や目標達成の方法の発見

大学までは、様々な知識や問題の解き方を教わり、記憶し、適用する能力を身につけることが、学習の主たる目的であった。例えば高校では、大学入試に備えて、数学の公式や解法を覚えるとか、文法や単語を覚えたり、英語の和訳法を身につけようと努力してきた。ところが社会に出ると、公

式や解法をそのまま単純には適用できない問題に直面する機会が増える。その度に上司や先輩に相談したり教えてもらうのではなく、自分で見つける努力をしなければならなくなる。

③答えは一つとは限らない

　大学入試までは、基本的には、出された問題には必ず正解が一つあり、しかも一つだけある、ということが多い。だから、答える側は安心して正確を見つける努力をすれば良い。大学の試験でも、学生からの成績評価に関するクレームに対応するために、客観性を重視する設問形式が増えてきている。しかし大学を卒業して社会に出ると、正答がいくつあるかがわからないし、場合によっては正答が存在しないような問題に直面することもある。

④意思決定の成果がすぐには出ない

　大学までは試験の結果が点数やグレード（SとかAとかの）で直ちにフィードバックされるが、社会に出ると、成果が直ちに出るとは限らないし、評価も点数のように明確な形でなされるとは限らない。しかし、最終的には、利益とかマーケットシェア、顧客満足度のような形で評価されることになる。

　大学は、大学入学までの現実と卒業後の現実とのギャップを、4年間で学生たちが埋めていくのを助けるという役割を持っている。最近はアクティブ・ラーニングのような教育法を採り入れる傾向がある。学生達に現実的な問題の解決に取り組ませたりして、自ら上記①から④までのギャップを埋めていけるようにするものである。

　いずれにしろ、偏差値は大学に入るまでの能力尺度の一つに過ぎず、卒業後もそのまま意味を持つものではない。意思決定の状況が大きく変わるからである。どの大学の学生達も、これからが新たなスタートだと考えて、真剣に大学生活を送ってもらいたいものである。

―― 注 ――

1) Davis, W. S., Information Processing Systems, 2nd ed., Addison-Wesley, 1981, p.29.
2) Hertz, N.,『情報を捨てるセンス選ぶ技術』中西真雄美訳、講談社、2014年、第4章および第7章.

第4章
意思決定と不確実性

　読者の多くは、これまで検討してきたような意思決定の、一体どこが難しいのか、また情報がどうして必要なのか、あまりぴんとこないかもしれない。本章では、意思決定の諸局面の中では比較的構造が明確な、第三の代替案の評価の局面を中心に、不確実性の観点から、意思決定の難しさについて検討する。

4-1　不確実性

　意思決定が難しい理由の一つは、問題や機会の発見から始まって代替案の開発と列挙、各代替案の評価、そして最適と思われる代替案を一つ選択し実施するという流れにおいて、選択をするのは今だが、それを実施するのは、仮に直ちに行動に移すとしても直後だということで、その意味では将来のことだという点にある。そこに若干のタイムラグがあり、その間に何かが起こり得る。例えば、すぐに外出しようと決めたのに、玄関で靴を履いていたら電話がかかってきたとか、車を発車させようとアクセルを踏みかけたときに大きな地震が発生したとか、どう考えても意思決定の段階では予想できなかったことが起こり得る。特に後者の事例は、筆者が実際に体験したことである。
　地震の例は極端だとしても、大事な会議や試験があるので、いつもより早めに家を出たのに、最寄りの駅に着いてみたら電車が事故で止まっていたという経験は、多くの読者にもあるだろう。この例では、今日ではパソ

コンやスマホ等で交通機関の遅延情報が容易に得られるようになっているのだから、事前に情報をチェックしておけば、家を出る前に状況を把握できたはずである。そうすれば、別の代替案（車で行くとか自転車で別の路線の最寄り駅まで行くとか）に変更できたかもしれない。

　商売をしている店主が店の改装をしようと思い、あれこれと準備をしていたら、近所に同業の店が開店することがわかり、改装そのものをやめようか、それとも予定通りに進めようかと悩む（新たな問題の発見と問題解決に追い込まれる）ことになるかもしれない。あるいは、ある農家が春先に、今年の夏は高温多湿になるという長期予報を聞いて（情報を得て）、高温多湿向きの種を蒔いたら、実際には冷夏になってしまい、冷害で収穫が激減してしまった、等々の例はそれほど珍しい話ではなかろう。

　要するに、代替案の選択をするのは今だが、それを実行する時や結果が出るのは将来あるいは未来のことであり、この時間のずれの間に様々な「不確実性」が入り込むのである。不確実性とは、上記のいくつかの事例からも明らかなように、現時点では意思決定者が将来の自然の状態（何が起こるか、どんな事象が生起するか、相手はどんな手を取ってくるか、等々）を確実に知ることができない、ということを指す。

4-2　不確実性の源泉

　不確実性の主たる要因は三つある。一つ目は意思決定する時点とその結果が現れる時点との間の時間的な隔たりである。二つ目は、意思決定者の行動の多くは真空状態でなされるのではなく、多くの場合競争相手が存在するという事実である。そして三つ目は、意思決定者の側の知識不足あるいは情報不足である。以下、これらを順に検討しよう。

4−2−1　時間的な隔たりによる不確実性

　図表4−1は、意思決定時点とその結果や成果が現れる時点との間の時間的な隔たりによって生ずる可能性のある、不確実性の源泉を示している。

　意思決定に役立つ情報を生み出すために抽出され加工処理されるデータはすべて、過去に計測されたり観察され、記録されたものである。過去の出来事や事柄に関するデータは、統計学や計量経済学等の手法を用いて、未来志向の情報に変換される。今後も状況や環境に大きな変化がないと仮定することにより、過去の傾向を未来に外挿することで、未来のある時点での状況を描き出すのである。

　最近はビッグデータが話題になっている。例えば、多くの人々が持っているスマホのGPS機能により、スマホの持ち主が移動している場所の位置情報を瞬時に刻々と収集し、蓄積し、分析することによって、買い物客の動線を予測し、売り場デザインに役立てようといった試みがなされる。しかしこうして収集された大量のデータは、最新の状態を示してはいても、決してそのスマホの持ち主がこれからどこへ行くかを正確に示しているわけではない。

　意思決定は、こうして得られる未来志向の情報をベースに、現時点で行われるのである。意思決定の目的は、眼前にある問題や機会に対してどう対処すべきかを決めることであり、本質的に未来志向である。このことからも明らかなように、選択された代替案が実施されるのは未来においてであり、その意味で、前述の如く、どんなに短期間であろうと、決定と実施

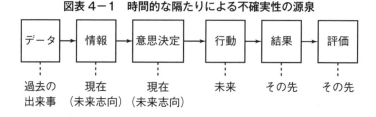

図表4−1　時間的な隔たりによる不確実性の源泉

の間に不確実な要素が入り込む。

　意思決定と実施の間に時間的なズレが生じるのと同様に、行動の時点と結果が明らかになる時点との間にも、ズレがあるのが普通である。じゃんけんのようにほぼ同時に行動が起こされ、結果（勝敗）が直ちにわかる場合もあるが、新製品の市場への投入の場合のように、結果がはっきりする（売上げ数量が確定する等）までにかなりの時間がかかる場合もある。この期間中に、競合企業が新製品を投入してきたり、景気が大きく変わったりするかもしれない。いろいろと予期せぬことが起こり得るわけで、故に、不確実性はさらに高まる。結果について評価するのはまたその先で、その頃には意思決定時点とは社内の事情さえ異なっているかもしれない。

　次章で検討するが、企業組織はある程度の規模になると、トップマネジメント層、ミドルマネジメント層、ロワーマネジメント層、そして業務担当者層というように意思決定の垂直的な分業が進む。トップマネジャーが担当する意思決定の時間的な視野は、ロワーマネジャーや業務担当者たちが担当する意思決定の時間的な広がりよりも、はるかに長期的である。すなわち、不確実性のレベルが高くて困難な意思決定は、トップマネジャーたちが担当し、責任も彼等が負うようになっていて、その点では理にかなったものということができよう。

4－2－2　相手の存在から生じる不確実性

　不確実性の源泉は時間だけではない。競争戦略を策定する場合には、競合企業がどのような戦略を取ってくるかを考慮すべきことは当然であるが、この相手の戦略や行動も不確実性の要素となり得る。同様に、顧客たちの動向も大きな不確実性の源泉である。顧客の気持ちは変わりやすく、これまで選好されていた製品が、果たして明日もまた選好されるかはわからないのである。時間的な視野が広がると、現在は存在しないような新製品や新サービス、新規の競争相手、新技術、新たな規制、新たな供給業者等が登場してくる確率は当然高くなる。このことは、上述の時間的な隔た

図表4-2　じゃんけんゲームのペイオフ表

自分＼相手	グー	チョキ	パー
グー	引き分け	勝ち	負け
チョキ	負け	引き分け	勝ち
パー	勝ち	負け	引き分け

りによる不確実性をも高めることになる。

　相手の行動に関わる不確実性の最も単純な事例はじゃんけんゲームであろう。じゃんけんゲームのペイオフ（勝ち負け）表は以下のようなものである（図表4-2）。この単純なゲームにおける勝ち負けは、自分が出す手（自分の意思決定の結果）と相手の出す手（相手の意思決定の結果）との組み合わせによってのみで決まる。しかし相手がどの手を出すかをこちらからはコントロールできないから、相手の行動に関しての不確実性は非常に高い。だからこそ、じゃんけんは公平な決め方の一つとなっているのである。前述の如く、選挙で最下位で同票数の候補者の当落を決める方法や、学長選でトップに並んだ2人のうちのどちらを当選者と決めるかの方法としても、採用されているのである。

4-2-3　意思決定者の無知や都合による不確実性

　上述の二種類の不確実性には、人間には知り得ないという意味での本質的な無知の状態が含まれる。しかし、意思決定者の知識不足や情報不足、あるいは想像力の欠如を原因とする、擬似的な不確実性もあるのではないか。たまたまある特定の意思決定者に十分な知識がないとか、想像力が欠けているために、代替案の妥当な評価ができないという危険性がある。知らなかったとか気がつかなかったいうことで、本来ならば排除されるべき代替案が選択されてしまうかもしれないのである。

　「想定外」という便利な言葉がある。日本ではしばしば大規模な自然災害に見舞われ、大きな被害が発生することが珍しくない。東日本大震災後の福島原子力発電所の事故の時も、あの津波は「想定外」だったと関係者

たちは述べ、ほとんどすべてのマスコミも、そのように報道していた。そして、想定外の出来事には、誰も責任を取らなくてもよいということになってしまう。しかし、あれは本当に想定不可能な津波だったのか。そもそも想定外とはどういうことなのか。

　柳田国男は、『「想定外」の罠』で、この問題を追求している。柳田は、想定外というのは、専門家の想像力の欠如が原因だという。一つは、起こり得る事故の形態を予測する能力の欠如である。設備等の設計や運用の前提条件を絶対視してはならないのである。もう一つは、予想外の形で事故が起こった場合に、周辺の住民や地域にどのような事態が生ずるかをリアルに想像する感性や思考力の欠如であるという[1]。

　東北地方では、過去にも大規模な津波に襲われたという記録や言い伝えがあったと聞いている。また、かなり前に聞いた話だが、ロンドンを流れるテムズ川やパリを流れるセーヌ川の堤防の規模は1000年に一度という規模の洪水を想定して設計されているという。一方東京の近くを流れる荒川の場合は200年に一度の規模の洪水を想定しているのだそうだ。

　セーヌ川やテムズ川と荒川とでは、地形上や地政学上の条件が異なるために単純には比較できないが、「想定外」をどのレベルに設定するかは、この例からも明らかなように、意思決定主体の判断で異なり得る。この点に関しては、第9章の例外報告システムのところでも検討する。

4-3　意思決定の一般的モデルと情報

　意思決定における不確実性に関するこれまでの記述を、宮川公男の意思決定の一般的モデルに依って整理しよう。宮川は、意思決定の諸要素を以下のようなモデルを用いて集約している[2]。

$z = f(x, y)$

$u = g(z)$

　　x＝決定変数（代替案）

　　y＝環境変数（自然の状態）

　　z＝結果変数

　　u＝評価変数

　ここで変数とは、いくつかの異なる値や状態を持ち得る要因を簡単な文字で代表させたものである。決定変数 x は、意思決定者が選択あるいは決定することのできる要因で、代替案のことである。じゃんけんゲームでは、グー、チョキ、パーの三つがあり、じゃんけんをする人間は、それらのいずれかを自由に選択することができるのである。

　そして環境変数 y は、意思決定者がコントロールすることはできないが、しかし意思決定者の選択や結果に影響を及ぼすと思われる要因をあらわし、自然の状態と呼ばれる場合もある。農家にとっての天候とか、じゃんけんゲームの相手の手などである。例えば夏の天候を大雑把に分ければ平年よりも気温が低いか、平年並みか、高温かになるが、どれになりそうかは農家の春の作付けの選択に大きく影響するであろう。しかし、それらの自然の状態のうちのどれが実際に出現するかを、農家が決めることはできない。できることは、どれが起こりそうかを予測することだけである。

　結果変数 z は、決定変数と環境変数との間にある関係によってもたらされる結果を表し、その関係は f という関数で表される。図表 4－2 のじゃんけんゲームのペイオフ表に示されているように、自分の手 ｛グー、チョキ、パー｝ と相手の手 ｛グー、チョキ、パー｝ との関係から、自分の側の結果 ｛勝ち、引き分け、負け｝ が決まることになる。このペイオフ表がじゃんけんゲームでの x と y の関数の形である。この関数は、じゃんけんのように単純なものから、いくつかの企業が特定の製品市場で、各社の競争戦略に基づいて競争した結果を規定する関数のように、非常に複雑なもの

まである。

　この意思決定の結果は、当該意思決定のそもそもの発端となった問題解決や目標達成の度合いという観点から、意思決定者によって評価されることになる。その評価値がuという変数であり、評価の方法がgという関数で表現されている。結果変数が金額である場合には、評価変数は結果変数とほぼ同じになるかもしれないが、じゃんけんで選挙の当落が決まる場合は、負けは落選なのである。このケースでは、結果の値と評価の値の落差はものすごく大きいことになる。関数gの形についての研究は、認知心理学等の領域で行われてきている。

　以上から、意思決定の一般的モデルとして、宮川は次のように述べている。

　意思決定者は、環境変数yの動きを予測しつつ、評価変数uの値ができるだけ望ましいものになるような結果変数zをもたらしうるような決定変数xについての決定をおこなう[3]。

　この文章を読むと難しく感じるかもしれないが、あなたも毎朝家を出るときに、今夜帰宅するまでに雨が降るかどうか（環境変数）を予測し、もしも雨が降りそうだと思うならば、濡れる（結果変数）のが嫌（評価変数）なので傘を持っていこう（決定変数）、というような意思決定をしているのではないだろうか。それを一般化して述べているのが上記の文章である。

　ところで、環境変数yを予測するためには、情報が必要である。例えば、傘を持って出るか否かを決める際には天気予報をチェックしたり、窓から顔を出して空模様を眺めたりするだろう。じゃんけんで自分は何を出そうかと考えるときには、最初はグーを出すことが多いといったような、相手の癖を思い出そうとするかもしれない。あるいはまた、農家が春に、暑さに強い品種の種を蒔こうか、それとも冷夏に強い品種の種を蒔こうかを決める際には、今年の夏の気温や降水量に関しての気象庁の長期予報等を調

べようとするであろう。

　同様に、決定変数x（代替案）を探索したり列挙するためにも情報が必要である。もっと他に有効で実行可能な行動案はないだろうかと考えたり、調べたり、誰かに聞くといった努力がこれである。

　ところで、結果は、意思決定者がコントロールできない環境変数と意思決定者が自由に選択できる決定変数との関係fによって決まるわけだが、ここに不確実性が関係してくる。一つは環境変数の予測において、もう一つはfという関係の関数の形に関してである。以下、この二つの不確実性についてもう少し掘り下げて検討しよう。

4-4　情報の不完全性と不確実性

4-4-1　環境変数に関わる情報の不完全性

　この問題については、以下の例題を使って説明しようと思う。

＜例題＞

　消費期限が1日だけの商品がある。この商品の仕入れ価格は1単位250円、小売価格は600円、その日の夕方までに売れ残った場合は50円で買ってくれる組織があるとする。商店主はこの商品を毎日何単位仕入れるのが最適だろうか。

　なお、この商品の過去100日間の需要量の分布は以下の通りである。

1個	2個	3個	4個
10日	20日	40日	30日

第4章 意思決定と不確実性

図表4-3 例題のペイオフ（利得）表

仕入 x \ 需要 y	1	2	3	4
1	350	350	350	350 （円）
2	150	700	700	700
3	−50	500	1050	1050
4	−250	300	850	1400

また、過去100日間分の記録（データ）から、起こり得る一日の需要量のそれぞれに対する確率は以下であることがわかる。

需要量	1	2	3	4
確率	0.1	0.2	0.4	0.3

　この例題では、意思決定者（すなわち商店主）は環境変数（毎日の需要量）がどんな値を取るかを予測した上で、代替案の選択（その日いくつ仕入れるかの決定）を行うことになる。そして、仕入れ量とその日の需要量との組み合わせにより、その日の当該商品から得られる利益額（利得、ペイオフ）が決まることになる（図表4-3）。少なく仕入れると利益機会を失う危険があるが、多く仕入れると売れ残って損をする可能性もある。だからその日の需要の予測が重要な作業になる。

　宮川は、このような需要量の予測の難しさに関連する問題として、情報の不完全性を指摘する。すなわち、将来起こりうる"自然の状態"（例題での日々の需要量）が普通は確定的にはわからないのであるが、その程度を、確実性の状態から無知の状態までの連続的なスペクトル（連続的な一本の直線）を想定した上で、そのスペクトルのどの位置にあるかに応じて、以下のように定義している[4]。

① 確実性

　一つの極端（スペクトルの一方の端）は確実性である。これは将来起こりうる自然の状態が確定的にわかっている場合である。例えば、例題にお

いて、店主が毎朝顧客を回って注文を取り、受注分だけ仕入れ、それを注文主に届けて代金をもらうようなケースである。一般的に受注生産のケースがこれに近いであろう。例題では、図表4－3から明らかなように、御用聞きの結果、その日の需要量が1単位であれば店主は1単位の仕入れをすることになり、その日は350円の利益を得ることになる。注文が2単位であれば2単位仕入れ、700円の利益になる。同様に注文が3単位あれば3単位仕入れ利益は1,050円、4単位あれば4単位仕入れ、利益は1,400円になる。しかし御用聞きをして回っても、その日いくつ得れるかは顧客次第なので、350円しか儲からない日もあれば、700円、1,050円、あるいは1,400円の利益の日もある。データから得られた確率を用いて期待利益を計算すると、

$$350 \times 0.1 + 700 \times 0.2 + 1,050 \times 0.4 + 1,400 \times 0.3 = 1,015$$

となり、この場合、店主は長期的に見て、1日平均1,015円の利益が期待できることになる。

② リスク

次はリスクの場合である。例題では、一日の需要量は1単位から4単位までのいずれかであることはわかっていて、しかも過去のデータから、それぞれの需要量の発生する確率の分布がわかっている。このようなケースがリスクの場合である。

そして、例題のように過去の売上記録のようなデータから客観的に確率が得られる場合、宮川は客観的リスクと呼び、一方そうしたデータが利用できず、経験等から主観的に導かれた確率の場合、それを主観的リスクと呼んでいる。

例題で、この店主が毎日御用聞きに回るのは大変だから、これまでのデータから確率分布を計算して得た情報を頼りに、今後は商売をしたいと考えたとしよう。この場合、利用できる情報は1単位から4単位までの各需要量の生起確率のみということになり、リスク下での意思決定問題に変わる。なお、この店主が毎日の売上記録をきちんと残しておらず、勘によってこ

んな感じだろうと各需要量に対して確率が付与される場合は、主観的リスクということになり、信頼度はその分割り引かれる。

リスク下での意思決定では、各仕入れ量に対する期待値が計算され、期待値の最も大きくなる仕入れ量を毎日仕入れることになる。

仕入れ量1単位という代替案の期待利益は、各需要量に応じた利益額に確率をかけてその和を求めることで得られるが、

$350 \times 0.1 + 350 \times 0.2 + 350 \times 0.4 + 350 \times 0.3 = 350$

ということで、

仕入れ量1単位の場合の期待利益＝350円

仕入れ量2単位の場合の期待利益＝645円

仕入れ量3単位の場合の期待利益＝830円

仕入れ量4単位の場合の期待利益＝795円

となる。結局、仕入れ量3に対する期待利益が最大で830円であることから、この店主は以後は毎日3単位ずつ仕入れることが合理的となり、一日平均830円の利益ということになる。

なお、この店主が毎日お客さんの所を回り注文をとる場合は、一日平均1,015円の利益が期待できた。この1,015円と上記830円の期待利益との差額の185円が、確実性下の意思決定と客観的なリスク下での意思決定の差額ということになるが、これはしばしば**完全情報の価値**と呼ばれる。すなわち、確率という情報に頼るのではなく、確実性に基づいた意思決定を行うために御用聞きをすることで得られる追加情報の価値ということである。

③　不確実性

例題のようなケースとは異なり、新規の問題の場合、データがまったくなく、経験もないことから、起こり得る自然の状態の生起確率がわからないことが多い。このような場合を不確実性と呼ぶが、そもそもどんな自然の状態が存在するかすらわからない場合もある。後者の場合は本来的な不確実性とか、極端な場合は無知の状態と呼ばれる。このような状態が、上

述のスペクトルのもう一方の極端に位置するケースである。

例えば、50年後の原油の価格はいくらになっているかについて考えてみよう。世界経済はどうなっているだろうか。風力や太陽光、その他の代替エネルギーの発電コストはどこまで低下するだろうか。新しいエネルギー源は登場するだろうか。世界の原油依存度はさらに進むだろうか。新油田の発見はあるだろうか。地球環境はどうなっているだろうか。原油価格はこうした多数の条件の組み合わせで決まるのであり、半世紀先の価格予想はかなり難しい。しかし、このような予測も、コストと時間をかけて、例えばデルファイ法等によって予測することで、リスクのレベルに変わるかもしれない。

本章の例題のように需要量の範囲はわかっていて、しかし各需要量の生起確率がわからない場合の意思決定への代表的なアプローチの概略を以下に示す。

i　ラプラスの原理

各需要量の生起確立に関して無知なのだから、どの需要量の確率が大きいとか小さいとかはいえないはずである。だから、考えられるすべての需要量に等しい確率を与えようというのがラプラスの原理と呼ばれるものである。その確率を使って、後は上記のリスク下での意思決定と同様の手順で期待利益を計算することになる。

例題については、すべての需要量の生起確率を0.25（1/4）として期待利益を計算すると、以下のようになる。

　　　　仕入れ量1単位の場合の期待利益＝350円
　　　　仕入れ量2単位の場合の期待利益＝562.5円
　　　　仕入れ量3単位の場合の期待利益＝637.5円
　　　　仕入れ量4単位の場合の期待利益＝575円

したがってラプラスの原理の下では、この商店主は3単位仕入れるのがよいということになる。

ⅱ　マクシミン原理

　各需要量の生起確率がわからないのだったら、確率は使わないという方式が当然考えられよう。マクシミン原理（費用に関してはミニマックス原理と呼ばれる）はその一つである。各仕入れ量に対して最低（ミニマム）の利益をもたらすであろう需要量を考え、次にこれらの最低の場合の予想利益額を並べた上で、最大（マックス）の利益が期待できる仕入れ量を選ぼうというのである。

　例題では、図表4-3より、

　　仕入れ量1単位に対しては、350円
　　仕入れ量2単位に対しては、150円
　　仕入れ量3単位に対しては、－50円
　　仕入れ量4単位に対しては、－250円

ということで、最も大きな期待利益は350円だから、それを可能にする仕入れ量の1単位を選ぶことになる。

　この原理による意思決定では、大きな危険を避けることができるという意味で手堅いアプローチである。反面、消極的過ぎて面白味がないともいえる原理であろう。

ⅲ　マクシマックス原理

　ミニマックス原理と同様に、確率には依存しないが、考え方はまったく逆である。すなわち、各仕入に対して最大（マックス）の利益が得られる場合だけに着目し、次にこれらの最大の予想利益額を比べて、その中でも最大（マックス）の利益が期待できる仕入れ量を選ぼうというのである。

　例題では、図表4-3より、

　　仕入れ量1単位に対しては、350円
　　仕入れ量2単位に対しては、700円
　　仕入れ量3単位に対しては、1,050円
　　仕入れ量4単位に対しては、1,400円

ということになり、その中で最も大きな利益は1,400円だから、それを可能にする仕入れ量の4単位を選ぶことになる。

これは非常に積極的であるが、楽天的で危険でもあろう。図表4-3に示されるように、250円の損となることもあるのである。

以上が不確実性下での意思決定の代表的な原理である。しかし、どの原理が良いかは言えない。それぞれの意思決定者が決めることである。実際には、このような場合はマクシミン原理を採用するマネジャーが圧倒的に多いのではないだろうか。

4-4-2　決定変数と環境変数との関係に関わる情報の不完全性

上述のじゃんけんゲームのように、決定変数と環境変数および結果変数の関係がルールで最初から決まっている場合とか、例題のように需要量の確率や、売値と仕入れ値との差額が利益になるというように、決定変数と環境変数の間の関係、すなわち、

$$z = f(x, y)$$

の形が比較的単純な場合も少なくない。しかし、現実の経営においては、特に第5章で扱うが、トップマネジャーやミドルマネジャーたちが担当するような意思決定では、決定変数と環境変数との組み合わせからある結果が生じるメカニズムが必ずしも明確ではない場合もまた少なくないだろう。

新奇性の高い問題に関する意思決定では、参照可能な理論や知識がほとんど存在しないかもしれない。データもあまり揃っていないだろうから、相関分析や因子分析等により、関係を探っていくことも不可能に近い。このような場合には、マネジャーたちのある種の勘といったものに頼らざるを得ないことになるのかもしれない。

4-5　最適化原理と満足化原理

　最適とか最善、最良、最高といった言葉を我々は無意識に使ってしまうが、漢和辞典を調べるまでもなく、「最」という字には、もっとも、この上なく、一番、第一に、といった意味がある。故に、最適とは最も適したとか最も適当ということであり、ある対象や状況などに一番うまく合う、適合するということである。最大とか最高という場合には、それは一つしか存在しないものであろう。要するに最適解というのは、考えられ得るすべての解決案あるいは代替案の中で、問題解決や目標達成に最も適した唯一の案ということになる。

　しかし、本章で見てきたように、我々はどんなに努力しても、未来の自然の状態について完全に知ることはできないし、他人の考えていることを正確に知ることはできないのである。また、あらゆる実行可能な代替案をすべて列挙することもできないであろうし、上述のように、関係する変数間の因果関係を完全に理解することもできないかもしれない。そもそも、この世の中に存在するかもしれない知識や理論をすべて集めるための時間もお金もない。仮に集められたとしても、それらをすべて理解し、利用する能力が我々にはない。

　ということで、現実問題として限られた能力や時間、費用等を前提とすると、我々は最適解を選んだと胸を張って断言できるような意思決定をすることは、不可能に近いといわざるを得ない。要するに、人間の合理性には限界があるわけで、我々は常に最適解を求めて行動する（これを**最適化原理**と呼ぶ）ことは不可能なのである。このことは、例え一国の大統領や首相であろうが、大企業の社長やCEOであろうが、零細企業のワンマン社長であろうが、大学の学長であろうが、皆同じである。確かに、一国の大統領や首相の周囲には何百人、何千人という有能なスタッフや参謀がいて、莫大な予算も使えるかもしれない。しかし、だからといって上述のよ

うな合理性の限界を完全にクリアーできるわけではない。

　合理性の限界のために、我々は意思決定において最適解を求めることができないというのであれば、では我々は何を基準にして代替案の選択を行っているのだろうか。経営学では一般に、意思決定者は最適化原理の代わりに**満足化原理**を用いていると説明されている。

　個人や組織はあるレベルの要求水準をもっていて、その水準を超えるような代替案が見つかれば、それで満足して、その代替案を選択する、というのである。たまたま最初に取り上げた代替案で満足できるのであれば、その案を選択するのである。時間やコストをかければもっと優れた代替案が見つかるかもしれないが、見つからないかもしれない。時間や予算に限りのある経営者や管理者は、最適解を求めるのではなく、満足解を見つけたらそれを採用する、というのである。個人でも毎日1万件近い意思決定に直面するといわれているのに、なぜ我々はそれらを処理できるのかという理由の一つが、この満足化原理なのであろう。

　本書ではこれまで、意思決定について様々な視点から検討してきた。しかし、最後に満足化原理という話になると、読者はなんだ、意思決定なんて案外適当なんだとか、これでは挑戦のしがいがないとか、社会の進歩の説明ができないのではないかと思うかもしれない。が、実はそれほど単純でもいい加減なものでもない。

　要求水準を最初に満たしそうな代替案が満足解であると述べたが、個人の場合も組織の場合も、その要求水準自体が、時間や状況と共に変化するのである。ある時点での意思決定において、要求水準を満たす代替案が簡単に見つかったとしよう。つまり満足解が簡単に見つかったとする。そうすると、その意思決定者の要求水準は、その事実によって自然に高まるのである。

　アルバイトをしている大学生を例にして説明しよう。時給1,000円のアルバイト先が比較的簡単に見つかれば、その学生は、1,050円の時給のアルバイト先も見つかるのではないかと考えるようになるかもしれない。そ

うなると、現在のアルバイトに対して不満が生じ、新たなアルバイト先を見つけ始めるであろう。あるいは、同じ1,000円の時給なら、通学ルート上の職場を希望するようになったり、スケジュールを組みやすい職場を求めるようになるかもしれない。このように、アルバイト先に対する要求水準が、気づかないうちに引き上げられるのである。

　企業の場合も同様だ。今期の目標が比較的容易に達成できると、株主の要求も高まるであろうから、来期の目標は当然高めに設定されることになる。好調期が続くと、当該企業に対する業績への要求水準は、そう簡単には満足解が見つからないようなレベルにまで達している可能性が高い。満足化原理は、決して甘いものではないのである。

　逆に要求水準を満たす解がなかなか見つからない場合はどうだろうか。当然、なんとか満足できる代替案を見つけ出そうと努力するであろう。それでも見つからないままにタイムリミットを迎えると、次善の解を採用せざるを得なくなり、利害関係者たちからは叩かれることになろう。しかし、そういう苦難の時期を経験すると、要求水準自体が現状では高すぎるのではないかということで、調整が進むことになる。意思決定者や利害関係者たちが抱く要求水準が下がることで、満足解を見つけるために、費用や時間をむやみに費やすということが回避されるのである。

　しかし一般的には、要求水準が高くなるという形の調整は速やかに行われるが、一度高くなった要求水準を下げるのには時間がかかる傾向がある。**アンカーリング**と呼ばれるが、良いことだけはいつまでも記憶に残るため、それが準拠枠を形成し、**要求水準の下方硬直性**が生ずるのである[5]。このように要求水準の調整がうまくいかないと、いつまでたっても満足解が見つからず、意思決定が難しくなる。

　要求水準が下がりにくい事例をいくつか示して、この章を締めくくろう。
・経済環境が悪化して前年度の企業業績を達成することが困難であることが明らかであっても、経営者や株主たちは、速やかに目標を下げようとはしない。

- 収入が増えると、衣・食・住、その他により良いものを求めるようになる。一方、失業したりして収入が大きく減っても、すぐに衣・食・住の質を以前の水準にまで下げることができない。
- 失業して再就職先を探す場合、以前の勤務条件を下回る企業には行きたがらない。
- 採用試験に落ちても、失敗した企業よりも条件を下げたがらないために、似たような企業を何十社も受けて失敗する。
- 最善（上述の如く、客観的には不可能に近い）の伴侶を見つけようとして、いつまでたっても結婚しない。

―― 注 ――
1) 柳田邦男『「想定外」の罠』文春文庫、2014 年、pp.13-14.
2) 宮川公男、意思決定論、中央経済社、2005 年、pp.51-53.
3) 宮川公男、前掲書、p.53.
4) 宮川公男、前掲書、p.90/宮川公男『意思決定の経済学Ⅰ』、丸善、1968 年、第 2 章.
5) Plous, S., 浦谷計子訳『判断力』マグロウヒル・エデュケーション、2012 年、第 13 章.

第5章
企業組織と意思決定の垂直的分業

　企業のような組織の行動は、組織メンバーである人間と、そして今日ではコンピュータやロボット等との協働によってなされるのが普通である。しかし、多くの人間が同時にまったく同一の仕事を行うことは少なく、一緒に仕事をしているように見えても、実際には仕事の内容が違ったり、対象が違ったりしている。一般的にはこれを分業 (division of labor) と呼ぶ。分業することにより、各人が仕事の全工程を担当するよりも生産性を上げたり、大規模な計画を実現することができるようになる。

　ところで、組織の分業には二つのタイプがある。

　一つは業務の水平的分業で、比較的古くから知られ、研究もされてきたものである。大企業の多くは、生産部門、販売部門、研究開発部門、財務部門、人事部門、情報部門、マーケティング部門というように、必要な仕事や業務のうち、関係が強い業務や仕事をまとめて、別々の部門に担当させている。

　もう一つは意思決定の垂直的分業である。こちらは本書のテーマである、意思決定のプロセスや不確実性、情報と大きく関連している。本章では、この垂直的分業について、詳細に検討しようと思う。

　横糸としての水平的な分業と、縦糸としての垂直的な分業によって織り上げられる組織という網の目の中に、組織メンバーの一人一人が配置されている。どの網の目にいるかによって、メンバーの各々が担当すべき役割やそのための意思決定の具体的な内容が規定されるのである。

第5章 企業組織と意思決定の垂直的分業

5-1 意思決定の垂直的分業

　企業組織は、しばしば図表5-1のようなピラミッドの形で表現される。どのマネジャーの下にも数人の（しかもそれほど多数ではない）部下がいるという状況を頭に思い描けば、それほど不自然なことではないだろう。ピラミッドの頂点には一人の人間がいて、その人は社長と呼ばれたり、最近は日本でも一般的な呼称になってきたが、CEO（chief executive officer：最高経営責任者）と呼ばれたりする。マネジャーの定義にはいろいろあるが、最も単純な定義は、部下を持ち、彼らを指揮、監督する人、というものであろう[1]。日本には肩書きだけで部下を持たないというマネジャーもいるが、それは例外的と考えればよいだろう。

　図表5-1に示されているように、組織のピラミッドは垂直方向に4つの階層で区切られることが多い。組織の規模によって2階層だったり3階層だったり、もっと多くの階層に細分化されているかもしれないが、抽象的にはこの4階層が一般的である。そして、マネジメント層（部下を持つマネジャーたちによって構成されている層）は、上からトップマネジメント層、ミドルマネジメント層、ロワーマネジメント層と呼ばれる。最下段

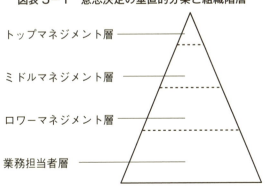

図表5-1　意思決定の垂直的分業と組織階層

の層は部下を持たないメンバー達から構成されていて、業務担当者とか平社員と呼ばれる人たちの層である。

　三つのマネジメント層の役割は、次のように分類される。

トップマネジメント層

　会社の目的、長期的方針、重要課題の優先順位、経営戦略、主要製品分野、合併、海外進出等、全社的で、長期的で、非常に重要な、企業の存続に関わる問題に関する意思決定を担当する。

ミドルマネジメント層

　生産、販売、人事、財務、研究開発、情報システム等の諸部門の、年間あるいは半期の活動計画と予算案の策定、計画と実績の測定と評価、修正案の策定とその実施等、事業部門あるいは機能部門毎の、調整的な、部門にとって重要な、1年ないしは半年の問題に関する意思決定を担当する。

ロワーマネジメント層

　一業務単位の週間ないし月間の業務計画の策定とその進捗管理等、特定業務を確実に遂行するための業務管理に関する意思決定を担当する。

業務担当者層

　営業、受注処理、在庫、配送などの日常業務等、上司に指示された業務（仕事）を遂行し、その際に必要となる最小限の意思決定を担当する。

　このように、トップマネジメントの役割範囲は全社的であり、タイムスパンは5年とか10年というように長期的である。ミドルマネジメントのそれは、全社に関わるというよりは、特定の事業部門とか特定の機能部門が対象であり、タイムスパンはせいぜい1年である。ロワーマネジメントの役割範囲はより限定的であり、タイムスパンは1週間程度と短期的にな

る。

　要するに、意思決定の対象もタイムスパンも、上の階層から下へと移るにつれて限定的になっているのである。これが意思決定の垂直的分業の特徴である。以下では、第4章で検討した不確実性という観点から、垂直的分業の意味をもう少し詳しく考えてみよう。

　まず容易に理解できることと思うが、タイムスパンが長ければ長いほど不確実性は高まる。明日のことより来週のことの方が、来月のことの方が、来年のことの方が、そして数年先のことの方が、格段に不確実で、予測困難なものとなっていく。

　全社的な問題を扱う場合には、社内外のすべての利害関係者を考慮しなければならない。故に、社内環境はいうまでもなく、社外環境についても360度、全方位に注意を払わなければならない。一利害関係者の動向を予測することだけでも大変なのだから、全利害関係者を対象とするとなると、不確実性は極限に達することとなる。

　それに対して、ミドルマネジメント、例えば一事業部のマネジャーは、トップマネジメントによって策定された経営戦略の一部分を担当し、しかも5年とか10年計画の内の第1年目の年度計画を策定し、実行することが主たる役割となる。彼等が関係する利害関係者も決して少ないわけではないが、株主とか金融機関、政府行政機関等との関係はトップマネジメントの仕事ということで、ミドルマネジャーたちが直接対応する機会は少なくなる。顧客や原材料供給業者に関しても、当該事業に関係する範囲に限定されてくる。しかもタイムスパンは1年ということで、不確実性の程度は、トップマネジメントのそれと比較すると、かなり軽減されてくる。

　ロワーマネジメント、例えばある事業部の販売部門の東京の多摩地区を担当するマネジャーは、当該事業部の当該年度の販売計画にしたがって、多摩地区でのある月のある週の販売計画を立てる。その上で部下の営業担当者の一人一人に日々の仕事を具体的に割り当てることになる。彼あるいは彼女が考慮すべき関係者は、担当地域内にいる顧客と、場合によっては

潜在顧客、当該地域で競争している他企業、地域社会、そして直属の部下ということになる。このレベルのマネジャーにとっての不確実性は相当コントロールされていて、かなり軽度になっている。

業務担当者たちは、基本的には上司から指示された業務を確実に遂行することが主たる役割で、業務遂行において生ずる問題に関しての意思決定のみが要求される。個々の意思決定では、不確実性はあまりないのが普通である。顧客からのクレーム処理も、自分でできることはするが、難しいと思えば持ち帰って上司に報告し、指示を仰ぐことになる。

5-2　意思決定の垂直的分業と不確実性の吸収

上述の如く、組織の階層が高ければ高いほど、その地位にいるマネジャーたちが直面する不確実性は大きくなる。しかし、彼等が方針や目的を定め、経営戦略を策定することで、それ以下の階層のマネジャーたちが処理すべき不確実性の度合いは大幅に低下する。戦略や長期計画の策定の過程で、不確実性の多くは吸収され、利害関係者たちの動きや自然の状態の多くは策定の過程で想定されていく。ミドルマネジメント層においても、残存する不確実性はさらに吸収され、それでも残る不確実性の多くはロワーマネジメント層によって吸収される。こうして、業務担当者たちは、ほぼ確実性の世界で日常業務をこなすことができる。組織が一般的に階層構造を持ち、階層に沿って意思決定の垂直的分業が行われる主たる理由の一つは、このことにあるといえよう。

大学を卒業してすぐに日本の企業に入社する新人たちは、入社研修後、普通はいずれかの部門に業務担当者として配属される。彼等には業務に関する経験も知識も不足しているので、難しい意思決定をすぐに任されることはない。入社直後は上司や先輩の指示や指導のもとで行動することで経験を積み、一定期間が経過すると、徐々に単独で仕事をするようになる。

数年して能力や経験が認められた従業員は昇進し、ロワーマネジメントの一員となる。

　ロワーマネジャーに昇進すると、今度は部下を持ち、彼等に指示を与えたり、相談にのったり、部下の手に余る問題の処理をしたりすることになる。ロワーマネジャーとして自分で処理しきれない困難な意思決定に直面したり、担当範囲を超える問題に直面したら、直ちに上司であるミドルマネジャーに報告したり相談したりする。ミドルマネジャーも同様で、自分で処理しきれない問題に直面したら、今度は自分の上司であるトップマネジャーに報告したり相談したりする。トップマネジャー、特にCEOの立場になると、もはや気楽に相談したり指示を仰いだりすることのできる人間は社内にはいなくなるわけで、どんなに不確実性が高く、しかも会社全体に大きな影響が及ぶと思われるような困難な意思決定でも、タイムリミットまでには決断しなければならなくなる。意思決定の垂直的分業というのは、経験や能力の大きさと意思決定の難しさとをうまくかみ合うようにした、実に合理的な仕組みなのである。

　業務の水平的分業に基づく不確実性の吸収も行われている。販売部門でのある製品の売上数量予測に基づいて、生産部門がその製品の生産計画を策定するとか、調査部門に各方面の専門家を集めて、景気動向や為替の動きなどを調査させ、結果をトップマネジャーに報告させるといったことは、普通に行われていることである。

5-3　組織レベルと意思決定のタイプ

　意思決定者が直面する問題は、どれだけ構造化されているかによって大雑把に二つに分類することができる。一方の極には完全に構造化された問題（structured problem）があり、他方の極にはまったく構造化されていない問題（unstructures problem）がある。

S. P. ロビンズたちによると、構造化された問題とは、明白で紛れのない、おなじみの、そして容易に定義可能な問題である。そして構造化されていない問題とは、新奇な、あるいは珍しい問題で、役立ちそうな情報が曖昧だったり不完全だったりするような問題である[2]。実際の問題の多くはこの両極を結ぶ線上のどこかにある。その違いは相対的ともいえるが、意思決定者たちが直面する問題がどちらの性質を強く持つかによって、その意思決定のプロセスにもまた明確な違いが生じる。その違いは、第2部で検討するように、経営情報システムと大きく関係する。以下、問題の構造化の程度と意思決定のプロセスとの関係について、詳しく検討しよう。

5-3-1　プログラム化しうる意思決定

　H. A. サイモンは、問題を処理するための明確な手続きがすでに用意されていて、問題発生の都度、ゼロから始める必要がないような意思決定を、プログラム化しうる意思決定（programmmed decision making）と呼んでいる。特定の問題がしばしばくり返されるならば、その解決のための常軌的な手続きが普通ならば作り出されるであろう、というのである[3]。

　手続きとは、入学式や卒業式の式次第のようなもので、最初に何をして、次に何をし、その次に何をするかが最後まで明確に記述されたものをいう。コンピュータプログラムは、その代表例である。

　このような意思決定は反復的であり定型的であることから、定型的な意思決定とか構造的な意思決定（structured decision making）とも呼ばれる。日常生活での意思決定の多くはこのタイプである。このタイプの意思決定は比較的単純であり、反復的であるために、前回までの解決法が踏襲される場合が多く、改めて問題を定義したり、代替案を探索するという局面はスキップされ、過去に成功した代替案の一つが適用されることになる。その代替案では具合の悪い事情があれば、適用されたことのある別の代替案が採用されるのである。このタイプの意思決定には、マニュアル、標準業務手続き、規則、方針といったものが作成されていて、意思決定者はそれ

らに準拠しつつ、意思決定を進めることができる。

　要するに、プログラム化しうる意思決定では、問題発見、代替案の探索とリストアップ、代替案の評価と選択の局面のすべてにおいて、必要な情報は何か、それをどうやって入手したらよいか、どんな代替案があるかが明確に理解されているのである。換言すると、このような意思決定については、第8章で詳細に検討するように、今日ではコンピュータプログラムの作成が可能であり、人間が行う必要がなくなっていて、コンピュータベースの情報システムに置き換えることが可能なのである。駅や大学等に設置されているATM（現金自動入出金機）を使って、現金を引き出したり預け入れたりするのが、この例である。

　第8章で詳述するが、その他のプログラム化しうる意思決定の代表的な例としては、給与計算、基本的な会計処理、航空機や列車の座席指定、大学の学籍管理（履修登録、成績管理、卒業判定等）、銀行の入出金処理や口座管理、見積書、納品書、請求書の作成、等がある。仕事の手順の一部を変えればプログラム化しうる意思決定の範疇に入るといった意思決定も少なくなく、今後もコンピュータが人間にとって代わる領域は広がっていくであろう。

5-3-2　プログラム化しえない意思決定

　マネジャーたちが直面する問題のすべてが、完全に構造化されているわけではない。むしろ多くの問題では、問題発見や定義の局面、代替案の開発や列挙の局面、あるいは評価と選択の局面のどこかで、不確実性や新規性に直面し、その都度時間をかけて情報を収集したり、熟慮検討しなければならなくなる。H. A. サイモンは、このような意思決定をプログラム化しえない意思決定（nonprogrammed decision making）と呼んでいる。

　新製品の開発に取りかかるとか、新製品を市場に投入するとか、海外に進出するとかといった、あまり前例のない問題に関する意思決定では、直面する問題に向けた新たな代替案の探索とリストアップや、不確実性の下

での慎重な代替案の評価や選択等、意思決定のそれぞれの局面での熟慮や判断がマネジャーたちに要求される。そもそも必要な情報は何か、それらをどうやって入手したらよいか、利用できそうなデータは存在するか、どんな代替案が考えられるか、等々、不確かな要素が多数存在するのである。

　このような意思決定はまた、**非定型的な意思決定**とか**非構造的な意思決定**（unstructures decision making）とも呼ばれる。プログラム化しうる意思決定とは異なり、マニュアルや標準業務手続きによって問題を解決するわけにはいかないのである。

　問題の非構造的な部分については、人間の意思決定者による判断が不可欠であり、故に、このような問題の処理を完全にコンピュータベースの情報システムに置き換えることはできない。このような問題を解決するためにこそ、人間の意思決定者の存在意義があるともいえるのである。しかし、完全に非構造的な意思決定というのは、現実にはそれほど頻繁に発生するわけではない。多くは、新たな代替案の開発とか、リスクや不確実性の下での代替案の評価といった局面で、非構造的な部分が残るということである。第9章の意思決定支援システム（DSS）の部分でも触れるが、コンピュータベースの情報システムは、こうした場合に、人間の意思決定者を支援することが可能である。インターネットの発達した今日では、コンピュータの方が人間よりも、データや資料、文書等の収集、蓄積、計算、そして処理等の能力がはるかに高いからである。

5-3-3　組織レベルと意思決定のタイプ

　ここまで述べてきた組織における意思決定の垂直的分業について、組織階層と意思決定のタイプとの関係から整理しよう（図表5-3）。

　本章第1節で説明したように、トップマネジメントが扱う問題の多くは、会社の目的や長期的な方針、経営戦略の策定、そして新製品の開発、企業の買収や合併、海外進出等に関する意思決定のような、頻度は少ないが、会社にとって大きな影響力を持つ、タイムスパンの長い、したがって不確

第5章　企業組織と意思決定の垂直的分業

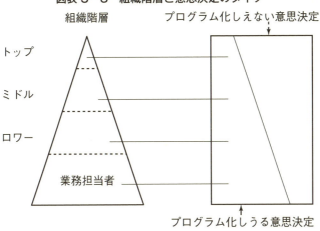

図表5-3　組織階層と意思決定のタイプ

実性の高い問題である。すなわち、構造化されていない問題である。故に、その都度模索しながら情報を収集し、問題や目標を定式化し、代替案を開発し、評価し、選択しなければならない。もちろんトップマネジャーたちも儀礼的な会談や挨拶等の定型的な仕事もするが、図表5-3に示されているように、プログラム化しえない意思決定の比率が高く、その部分に多くの時間やエネルギーを費やすのである。

　階層が下がるにつれてプログラム化しうる意思決定の比率が高くなり、業務担当者レベルになると、圧倒的にプログラム化しうる意思決定が多くなる。とはいっても、彼等は100パーセント標準業務手続きやマニュアル通りに動けばいいというわけではない。顧客や取引先からのクレームや問い合わせに柔軟に対応するといった、相手のその時々の要求に応じて即座に判断することも、時には必要になるであろう。客先への車での移動中に渋滞に巻き込まれたり、電車が止まったりしたときには、マニュアルになくても大人としての対応が要求されることになる。

5-4 組織階層と情報の特性

　意思決定のタイプが異なると、意思決定に必要とされる情報のタイプも異なる。第2章での情報の定義からも明らかなように、情報とは意思決定者が必要だとか、役に立ちそうだとか、関係がありそうだと判断したデータや記述、コメント等であるから、それは当然のことである。

　G. A. ゴリーたちは、組織階層に特徴的な管理活動を、トップマネジメントの活動から順に、戦略的計画、管理的統制、業務的統制とに分けている。そして、それぞれの活動に応じて必要とされる情報の特性を記述している（図表5-4)[4]。図表5-4の業務的統制は主としてロワーマネジメントの役割に対応している。そして、管理的統制はミドルマネジメントの、戦略的計画はトップマネジメントの役割にそれぞれ対応している。

　情報の**源泉**は情報の入手先であるが、これはビジネスチャンスだとか、大きな問題になりそうだと、トップマネジャーたちに認識させるような情報の多くは、組織の外部からやってくる。こうした社外情報を、トップマネジャーが自ら入手することもあるが、報告としてミドルマネジャーから上げられてくるものも少なくないだろう。そして、それらの報告の多くは、ミドルマネジャーやロワーマネジャー、あるいは業務担当者がキャッチし

図表5-4　組織階層と必要とされる情報のタイプ

情報特性	業務的統制	管理的統制	戦略的計画
源泉	主として組織内部	← →	外部
範囲	明確だが狭い	← →	非常に広範
集約度	詳細な情報	← →	集約された情報
時間的視野	過去	← →	未来
新鮮さ	非常に新鮮	← →	古いものも必要
正確性	高い	← →	低い
利用頻度	非常に頻繁	← →	稀

た社外情報によって構成されている。一方、ロワーマネジャーたちは、組織の現場で起こりつつあることに注意している必要があり、社内業務の遂行を通して収集された、社内情報が重要となるのである。

　トップマネジャーの主たる役割は経営戦略の策定であるが、そのためには、今後5年とか10年先の社内および社外環境に注意している必要があろう。故に、情報の**範囲**は、国内外の政治、経済、技術、文化、自然環境から人口学的な情報まで、非常に広範なものになるであろう。逆にロワーマネジャーの仕事は、日々の担当業務の進捗管理が中心となるため、必要な情報は明確かつ狭い範囲のものとなるであろう。

　同様の理由で、情報の**集約度**についても、トップマネジャーが必要とする情報とロワーマネジャーが必要とする情報とでは正反対になる。ロワーマネジャーは、部下の一人一人の毎日の業務活動や、担当している製品の日々の売上、主要顧客の動き等を把握するために、非常に詳細な情報を必要とする。他方、トップマネジャーがそうした細部にばかり注目していては、将来に向けての計画立案に支障が出るのではないか。事業部門ごとの四半期ベースの営業成績や対前年同期比のように、集計され、将来に向けて分析加工された情報が価値を持つのである。

　情報の**時間的視野**については、担当する意思決定の性格上、トップマネジャーが必要とする情報は、5年先とか10年先の企業環境をトータルに描いた、未来志向の内容のものである。逆にロワーマネジャーは、今現場がどうなっているかを正確に知る必要があり、できるだけ直近の過去の状況を示す情報が役に立つであろう。

　情報の**鮮度**についても、ロワーマネジャーにとっては時間的視野と同様に、業務に関する非常に鮮度の高い、直近の情報が必要となろう。ところが、トップマネジャーにとっては、やや逆説的になるが、長い期間に蓄積されてきた時系列データが役に立つ。例えば、主力製品の5年後の売上高を予測する場合、これまでの環境条件が今後も大きく変化しないことを前提として、回帰分析のような手法で得られた関数を用いて、予測値を計算

する。その際に使われるデータは、当該製品の過去の売上データということになるが、理想的には、過去15年分位のデータが必要だといわれている。

情報の**正確性**についても、情報の集約度と似た傾向がある。ロワーマネジャーは部下の一人一人、顧客の一人一人（一社一社）、取引の一つ一つに注意を払わなければならず、そのための情報は非常に正確でなければ意味がない。我々教員は、学生たちの成績評価においては、小テストや期末テスト、レポート点などに関して1点の誤りもないように注意している。トップマネジャーが扱う情報も正確であることが望ましいが、将来の事柄に関しては不確実性が伴うために、高い正確性を要求することは、コスト面からも無理である。

ロワーマネジャーが使う**情報の使用頻度**は、ほぼ毎日という程に頻繁である。反面トップマネジャーが使う情報は、基本的には年に一回ということが多いだろう。経営戦略の見直しがそう頻繁になされると、社内はかえって混乱してしまう。しかし今日のように情報技術が高度に発達すると、第10章で述べるように、頻繁に情報を要求するトップマネジャーが増えるかもしれない。

以上見てきたように、組織の階層が異なると処理すべき問題の性質が異なる。その結果、意思決定者がどの階層にいるかによって意思決定のタイプが異なり、必要とする情報のタイプもまた異なるということになる。第2部で検討するように、今日では高度に発達した情報技術を駆使して、企業や役所等の組織は、様々な情報需要を満たすために、多様な情報システムを構築し、利用している。

5-5 組織における情報の基本的な流れ

組織においては、情報の収集や加工、処理についても分業がなされている。その上で、情報を必要とするマネジャーたちに速やかに伝達するため

のコミュニケーションチャネルが用意されているのが普通である。図表5-5は、組織内部での主要な情報の流れを簡潔に示している。

①報告・連絡・相談（ホウレンソウ）

組織における情報の基本的な流れの一つは、業務担当者からトップマネジメントへと、組織の下から上へ階層を一段ずつ上っていく、報告、連絡、相談の、いわゆるホウレンソウの流れである。前節でトップマネジャーは社外情報を必要とすると述べたが、それらの社外情報のすべてを、トップマネジャーが自ら収集するわけではない。日常的に社外の関係者たちと頻繁に接触しているのは、なんといっても業務担当者である。顧客との取引の際に得られる要望やクレーム、競合他社の動き等のうち、重要なものは直属の上司であるロワーマネジャーに報告されるであろう。顧客との間のトラブルも当然上司に報告し相談する必要がある。

ロワーマネジャーは、部下から報告や相談を受けたら直ちに対処すると同時に、重要な報告については集約し、自らの社外チャネルによって補足的な情報を収集した上で、上司のミドルマネジャーに報告することになる。ミドルマネジャーも同様で、重要な報告についてはさらに集約し、独自のルートで補足的な情報を収集したり真偽の確認をしたうえで、トップマネジャーに報告することになる。

オフィスのあちこちに「ホウレンソウを大切に！」といった標語を掲示

図表5-5 組織における情報の基本的な流れ

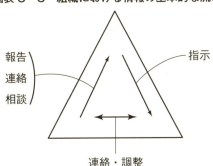

している会社がある。別にポパイではないので、ほうれん草を食べましょうというのではない。上述のように、何かあったら速やかに上司に報告、連絡、相談しましょうというのである。しかし部下たちも皆人の子である。自分のミスで顧客との間にトラブルが発生した場合、上司に報告すると怒られることは目に見えているから、報告しにくい。ロワーマネジャーもミドルマネジャーに報告したり相談したりすると、「部下の管理がなっていない」とか、「こんな程度のトラブルを自分で処理できないのか」といわれそうで、やはり報告したり相談したりしにくい。テストの成績が悪くて、返された答案をランドセルの底に隠しておこうとする小学生のようなものである。下から上への情報の流れは大事なのだが、重要な情報が時にトップマネジャーに届きにくいことから、「ホウレンソウを大切に！」というのである。

②指示・命令

　もう一つの重要な流れが、トップマネジメントから業務担当者への指示や命令の流れである。指示や命令は、報告の場合とは逆向きに、階層を一段ずつ下りてくる。会社の目標や長期的な方針、経営計画、経営戦略等はトップマネジメント層で策定されるが、実行に向けての細部の計画の立案は、トップマネジメントからミドルマネジャーたちに割り振られる。その際に、戦略の中身がどれだけ正確に伝えられるかが問題になる。トップマネジャーとミドルマネジャーとの間での、経験や専門的知識、持っている情報量、価値前提等の差によって発生するコミュニケーション・ギャップが障壁になり、しばしば誤解や雑音が混入する。この問題に関しては第9章で詳しく扱う。

　トップマネジメントの指示にしたがって、いずれかの部門を担当するミドルマネジャーたちは、割り当てられた担当領域での年間の部門計画をまとめ上げる。年間計画はさらにそれぞれのロワーマネジャーたちに細分化して割り当てられるが、そこでも同様に、コミュニケーション・ギャップを原因とする、誤解や思い込み、雑音等が入り込む。ロワーマネジャーは

その指示に基づいて、自分の担当範囲での週次計画や日次計画を立て、それを部下たちに指示し、実行に移すことになるが、ここでもまた誤解や指示漏れ、思い込み等が介在する。

軍隊組織では命令の不徹底により、兵士たちの生命が奪われたり、軍全体の敗北につながったりする。企業の場合も同様で、指示が上から下まできちんと流れないと、成功は難しくなる。最近ではインターネットを用いてCEOが全社員に直接メッセージを伝えたりできるようになった。しかしそれによって伝えられる内容は、多くの場合、概略的な構想やトップの熱い思いといった範囲を出ず、戦略の詳細を全社員一人一人に正確に伝えることはできない。どうしても階層を通して、少人数の部下に丁寧に指示することが必要となる。

③連絡・調整

図表5-5に示されている三つ目の情報の流れは、連絡・調整のための情報の流れである。図では業務担当者の間にのみ表示されているが、実際にはロワーマネジャー間やミドルマネジャー間にも見られる流れである。連絡や調整は、業務の水平的な分業に伴って、必然的に生まれる情報流である[5]。

例えば、顧客からある商品の注文を受けた営業担当者は、その商品がいつ頃出荷可能かを在庫（倉庫）管理の担当者に連絡して確認する必要がある。さらに、その顧客はこれまでに支払いで問題を起こしていないか確認する必要もある。このように、注文を受けた場合には、様々な業務担当者から情報を得なければならない。注文がまとまったら、今度はその内容を在庫の担当者や配送担当者に、そして、請求書作成等のために会計部門の担当者に連絡しなければならない。売れ筋商品を優先して生産して欲しいと考える営業担当のミドルマネジャーと、全体的な生産スケジュールを維持したいと望む生産担当のミドルマネジャーとの間での、より高度で政治的な調整が必要となることもある。

分業によるメリットは確かに大きいが、こうした横の連絡という形での

情報の頻繁なやりとりが必要になるといった、デメリットも伴うのである。上述のような、業務担当者間の横の情報の流れをワークフローと呼ぶが、今日ではこうしたワークフローも、情報技術を用いた情報システムによって運用されるようになっている。

5-6　効率性、有効性、そして戦略性

　本章ではこれまで、意思決定の垂直的分業について詳しく見てきた。最後に、各階層のマネジャーたちが意思決定の際に常に意識し、追求しなければならない経営上の目標について検討する。それは、効率性、有効性、そして戦略性の追求という目標である。

①効率性

　S. P. ロビンズたちは、**効率性**（efficiency）を、仕事を正しい方法で行うこと（物事を正しく行うこと）であり、また、最少のインプットで最大のアウトプットを得ること、と定義している[6]。マネジャーたちはヒト、モノ、カネといった稀少なインプットの使い方を決めているのだから、それらをいかに効率的に利用するかは重要なポイントとなる。

　効率性は一般的に、

　　　アウトプット／インプット

で測定される。効率性を高めるためには、第8章で詳しく検討するが、アウトプットの価値を増やすか、インプットの費用を減らすか、あるいはそれらを同時に行うことが必要である。換言すると、あることを達成するのに、より少ないインプットで、あるいは一定のインプットでより多くのアウトプットを生み出すことに、マネジャーたちは腐心しなければならないということである。効率性はまた、生産性と表現されることもある。インプットを時間で表せば、能率と表現されることもある。

②有効性

　有効性（effectiveness）をロビンズたちは、正しいことを行うこと、あるいは、組織の目標を達成するために諸活動を完了させること、と定義している[7]。要するに、効率性は物事が行われる手段に関係するのに対して、有効性は目標そのものを、あるいは組織目標の達成への貢献度を評価するための概念である。企業の目標達成に貢献しないような行動をいくら効率的に行っても、あるいは社会に害をなすような目標を効率的に達成しても、それは有効ではないのである。しかし、有効性を、効率性のように数値で表現することは困難な場合が多い。

　鉄道会社を例に考えてみよう。ラッシュアワーにおける旅客輸送量を増やそうとして、列車の走行間隔を短くしたり走行スピードを速めたりしても、それによって事故が発生し、人命が現実に失われたり、その可能性が高まるならば、そのやり方は有効性を高めたことにはならない。一方、情報技術を活用して、ATS（列車自動停止装置）等を整備した上で、上述のような方法で旅客輸送量を増やそうとする場合は、それは有効であるといえよう。

　効率性と有効性は時には、互いにトレードオフの関係、すなわち、効率性を高めようとすると有効性が犠牲になり、有効性を高めようとすると費用がかかり、効率性が犠牲になることがある。上述のように、情報技術は、このトレードオフを解消させることができるかもしれない。

③戦略性

　詳しくは第10章で述べるが、戦略性という目標の一つは、トップマネジメントの意思決定の結果、より優れた戦略が策定されることである。もう一つは、競争優位をもたらすような、戦略的武器を準備することである。企業の主要な目標の一つは、存続し続け、成長し、その過程で社会に貢献することである。ところで、企業は常に競争に曝されているのが現実で、トップマネジメントからロワーマネジメント、業務担当者に至るまでの全社員が、競争にいかに勝ち抜くかという視点を忘れてはならない。

戦略的武器（strategic weapon）という概念は、情報技術を競争戦略の一部にどう組み込むか、すなわち、競争優位を確保するために情報技術をどう活用するかという問題意識から生まれたものである。今日では、トップマネジメントの意思決定における大きな課題として認識されつつある。

歴史的には、経営者たちの意識においては、

効率性の追求→有効性の追求→戦略性の追求

へと、その重心が移ってきた。この重心の移行は、比較的最近になって起業された企業の場合でも、経営者の意識の中では起こっているように思われる。効率性が低いと、ずば抜けて素晴らしい製品やサービスでも開発しない限りは、そもそも市場に参入できないし、顧客に受け容れられる価格で新製品や新サービスを提供できないであろう。なんとか無事にその市場で橋頭堡（きょうとうほ）が築けたならば、次には新製品や新サービスを開発し続け、それらの製品やサービスの有効性を、顧客や社会にアピールしていかなければならない。単に効率性だけで勝負していると、大企業やその他の競争企業からの攻撃に耐えられなくなる。そして生き延び、ある程度の規模になったら、最終的には、いかに他の競争企業を打ち負かしてマーケットシェアを拡大していくかに意識は移り、その時点では、戦略的武器をいかに手にするかということがテーマとなる。

このことは、企業組織における情報部門の位置づけの、歴史的な推移を見ると理解できるだろう。

①効率性の改善を目的にコンピュータが導入され始めた時代

コンピュータが先進的な企業を中心に導入され始めた頃には、企業の経理部門等の中に電子計算課のような比較的小さな部署が作られ、そこでコンピュータの活用が図られた。給与計算とか請求書の作成といったように、効率性が目に見えて向上するような業務への適用のためである。その後、電子計算機室とかEDP室といった独立した一つの部門が開設される傾向が強まった。いずれにしろ、業務レベルにおいてであり、その部署の長にはロワーマネジャーが就く場合が一般的であった。このことに関しては第

8章で詳しく扱う。

②有効性の向上を目的にコンピュータが導入され始めた時代

　コンピュータの威力が社内で認知されるようになると、単に効率性の向上のためだけにコンピュータが利用するのではなく、有効性を高めるための利用が検討されるようになった。有効性を高めるためには、特定の業務部門だけではなく、もう少し広い範囲でコンピュータの活用を検討することが不可欠になり、情報システム部のような、ミドルマネジャーを長とする独立した部門が新設されるようになった。

　この部門が、他の多くの部門のロワーマネジャーたちのために、定期的で定型的な管理レポートを作成したり、様々なデータの統計処理をしたりし始めたのである。しかし、情報システム部門のトップは、重役会のメンバーではなかった。このことに関しては第9章で扱う。

③戦略的武器の構築のためにコンピュータが導入され始めた時代

　最近は、コンピュータを無視したビジネスはあり得ないとか、情報技術の活用において競争企業に後れをとると、存続すら難しくなるということが、トップマネジャーたちの間で認識されるようになってきた。そして、情報戦略室のような形で、社長直属の部門が大企業に設置されるようになり、その部門の長は重役会のメンバーになることも珍しくなくなってきている。このことは、第10章で詳しく検討される。

　以上の変化を図で表現するとわかりやすいのではないか。図表5-6は、時代と共に情報部門の組織階層上の位置がどのように推移してきたかを示している。

④CIOが登場し始めた時代

　上記の一連の流れの集大成といえるのが、CIO（chief information officer：最高情報責任者）の登場である。情報技術の活用戦略が企業の経営戦略において重要な意味を持つようになると、企業の最高経営グループの一角に、情報技術の全社的な活用に責任を持つ経営者が加えられるようになってきた（図表5-7）。そして、最近では大企業においても、CIOから

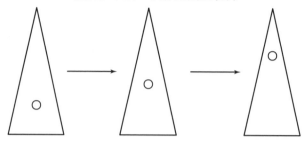

図表 5-6　企業組織における情報部門の位置
（○印はコンピュータ部門の位置を表す）

効率性重視の時代　　有効性重視の時代　　戦略性重視の時代

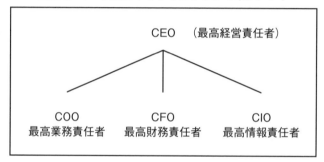

図表 5-7　企業のトップ中のトップマネジメント

CEOへと昇進するケースも見られるようになってきた。
　以上第1部では、企業の経営意思決定と情報との関係を様々な観点から検討することを通して、経営情報とはいかなるものかについて考えてきた。これまでの議論をベースにして、第2部では、経営情報システムについて、体系的に詳しく考察することにする。

── 注 ──
1) Robbins, S. P. ,et als., Fundamentals of Management, 8th ed., Pearson, 2013, p.5.
2) Robbins, S. P. et als., 前掲書、p.81.
3) Simon, H. A., The New Science of Management Decison, Revised ed.,

Prentice-Hall, 1977, pp.46-47（稲葉元吉、倉井武夫共訳、意思決定の科学、産業能率大学出版部、1979 年、pp.63-65）.
4) Gorry, G.A. and M. S. Scott Morton, "A Framework for Management Information System," Sloan Management Review, Fall, 1971, p.57.
5) 一瀬益夫、「企業経営と情報リテラシー」、一瀬益夫編著『新訂 3 版現代情報リテラシー』同友館、2012, pp.30-31.
6) Robbins, S. P., 前掲書、p.6.
7) 上掲書、p.6.

第2部
経営情報システム

第1部では、組織のマネジャーたちの意思決定の観点から、経営情報とは何かを論じてきた。すなわち、図表IIの、経営と情報の重なる部分（和集合の部分）についてである。ところで、組織のマネジャーたちに、タイムリーで適切な情報を提供することは、組織の存続にとって不可欠であるが、それは、何らかの組織的な仕組みなしには不可能である。情報を交換するための仕組みは、情報システムと呼ばれるが、組織の経営意思決定を助けるために構築される情報システムを、本書では特に、経営情報システムと呼ぶ。したがって、図表IIに示されるように、経営情報システムは、システムと経営情報との和集合（重なり）の部分ということになる。

　システムは、第7章で詳しく検討するが、ある目的を達成するために集められた構成要素、および、それら構成要素同士の関係の集合として定義される。そして、本書の文脈においては、それら構成要素の中核は、情報技術と情報資源である。

　経営情報システムは、コンピュータが登場するずっと以前から存在していたと思われる。数千年以上も前から組織として確立されていたものの一つは軍隊組織であるが、そこでは古くは、例えば色の異なる煙を上げるこ

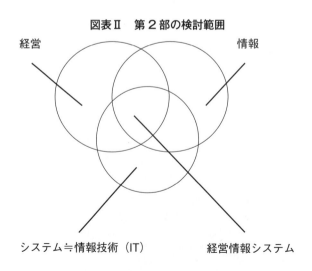

図表II　第2部の検討範囲

とで敵軍の襲来を伝えたりする、「のろし」というシステムが使われていたそうである。時代はずっと新しくなり、郵便制度が整備されると、企業は指示や連絡、報告の内容を紙に書いて、それを郵便で送受する情報システムを構築した。そして電話網や電信網が構築されると、今度はそれらを利用して、より早く経営情報を交換できるシステムが採り入れられた。今日では、インターネットが主役になっている。このように、企業の経営情報システムは、いつの時代においても、その時点で利用できる最先端の情報技術をベースにして構築されてきた。換言すると、その時代の情報技術によって制約されてきたのである。

現在の経営情報システムは、コンピュータを中核とする情報技術をベースにして構築されるようになっている。情報技術は第6章で解説するが、今日もなお、猛烈な勢いで発達しつつある。それゆえに、今日の経営情報システムもその進歩や変化がめまぐるしく、非常に多様になっている。本書では、そうした多様な経営情報システムをできるだけシンプルに、あくまでも経営情報の観点から分類整理し、初心者にもわかりやすい形で概要を紹介しようと考えている。

第6章では、今日の経営情報システムの核心的な技術であるコンピュータを中核とする情報技術について、簡単に整理する。なお、情報技術の略語として、最近はIT（information technology）とICT（information & communication technology）の両方が用いられている。本書では一貫してITを用いるが、どちらでも特に大きな違いはないように思う。ITという用語の方が日本では古くから使われてきたし、アメリカの最近の経営情報システムの標準的な教科書でも、ITが用いられている。インターネットの普及により、コミュニケーションが強調されるようになってから、ICTが使われるようになってきたのである。経営情報システムの研究領域では、ITがよく使われるが、日常用語として、より一般的な意味ではICTが使われているようである。日本のマスコミについて見ると、日本経済新聞が現在はITを用いているが、その他一般紙はICTを用いているようである。

第6章
ITとは何か

　前述の如く、IT、あるいはICT（以下ITのみを用いるが、日頃ICTを使っている読者は適宜ICTと読み替えてほしい）は、いつの時代でも経営情報システムの中核的な技術となってきた。そして今日では、コンピュータを中核とした関連諸技術が、経営情報システムの中核技術であることはいうまでもない。経営者の中には、あえてコンピュータを嫌う人もいるかもしれないが、そうした企業は競争に生き残るのに苦労するかもしれない。

　ITとは、以下の四つの技術の総称である。
　　ハードウェア（hardware）
　　ソフトウェア（software）
　　データベース（database）
　　ネットワーク（network）
以下、それぞれについて、経営情報システムとの関係において、簡単に見ておこうと思う。ところで、上記の四つの技術の中には、ネットワーク技術が含まれている。つまり、コミュニケーション技術も当然含まれているのである。

　現代社会は、図表6-1に示されているように、これら四つの技術を4本柱として、その上に作られた基盤（インフラストラクチャー）上に構築されている。4本柱のどれか1本でも崩れたならば、現代社会はただちに機能の多くを失うことになる。企業の経営情報システムも同様で、ITの4本柱で支えられたインフラストラクチャー上に構築されている。ハードウェアの故障や、ソフトウェアの誤まり（バグと呼ばれる）、通信ネットワー

第6章 IT とは何か

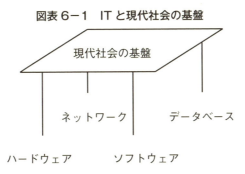

図表6-1　IT と現代社会の基盤

クの途絶やデータベースの不具合により、ATM から現金が引き出せなくなったり、飛行機の発着が止まったり、各種のチケットの予約ができなくなったりすることは、テレビや新聞の報道でご存じのことと思う。以下、それぞれの柱について、概略を説明する。

6-1　ハードウェア

6-1-1　ハードウェアの種類

　ハードウェア（hardware）は、情報システムの入力（インプット）、処理、そして出力（アウトプット）機能に関わる様々な作業のために用いられる、物理的な装置を指し、様々な大きさや形のコンピュータ本体、入出力および記憶装置、そしてコンピュータを相互に接続するテレコミュニケーション（遠隔通信）装置などを含む。S. ハーグたちは、代表的なハードウェアを次の六つに分類している[1]。

①処理装置：プログラム（ソフトウェア）による命令を解釈し実行したり、他のすべてのハードウェアの動作を調整する装置で、中央処理装置（CPU や MPU）と呼ばれる。この部分が一般にコンピュータとして認識されて

いる場合が多い。
②入力装置：情報システムにデータや命令を入力するために用いられる装置で、代表的なものには、キーボードやマウスがある。
③出力装置：情報システムによる処理結果を、見たり聞いたり、あるいは他の何らかの方法で知るための装置で、代表的なものには、モニター（ディスプレイ装置）やプリンターがある。
④記憶装置：後になって利用するためにデータを記憶しておくための装置で、ハードディスクやCD、USBメモリー等がある。
⑤テレコミュニケーション装置：ネットワーク内の人間やコンピュータとデータや情報を送受信し合うために用いられる装置であるが、非常に多様な機器類で構成されている。
⑥接続装置：処理装置にプリンターを接続したりUSBメモリーを差し込むための、処理装置本体側のUSB接続口や接続コード等である。

　一般にコンピュータの性能という場合は、中央処理装置（CPU、パソコンのそれはMPUと呼ばれることが多い）の性能を指す場合が多い。CPUの性能がその他の装置の性能を規定するし、以下に述べるソフトウェアの発達にもデータベースの性能向上にも、そして通信ネットワークの性能にも大きく関連している。今日の情報技術の核になる部分である。次に、このCPUの発達の歴史を簡単に振り返っておこう。

6-1-2　ハードウェアの発達（コンピュータの世代交代）

　コンピュータ（CPU）の発達の歴史は、しばしば第何世代というような表現で語られてきた。以下では、代表的な世代交代の歴史を見ることにしよう[2]。

①第1世代のコンピュータ
　CPUの素子として**真空管**（電球のようなもの）が用いられたコンピュー

タを指す。1940年前後から、アメリカやイギリス、ドイツ等でコンピュータの研究開発が行われていたようである。しかし、軍用ということで、今日でも秘密のベールに包まれていて、実際に動いたという記録があり、その一部が現存しているコンピュータは、ENIAC（electronic numerical integrator and calculator）と呼ばれるアメリカのコンピュータで、1946年から稼働した。

最初は弾道表（攻撃目標までの距離、弾丸の特性、風向き等多数の条件を考慮して、ミサイルや大砲等の発射角度等を指示するための冊子）の作成のための、膨大な量の計算に用いられた。その後は、原爆や水爆の開発に使われたという。

開発者はペンシルベニア大学のJ.モックリーとJ.プレスパー・エッカートで、18,800本の真空管を含めて10万個の部品、重量は30トン、設置面積は165 m^2（100畳）、使用電力は140 KW／時、性能は毎秒数千回の演算速度だったそうである[3]。

ENIACも軍用で、当時は一般の人々の目に触れることはなかったために、民生用のコンピュータが登場した1951年を第1世代のスタートとする場合が多いようである。真空管のコンピュータは電球と同様に発熱するため、巨大であるだけでなく、発熱のため空調が不可欠であるとか、電球と同様にしばしば切れるので、信頼性が低いとか、真空管の交換のために頻繁にコンピュータを停止させる必要があり、稼働時間が短い等、問題が多かったそうである。

②第2世代のコンピュータ

素子は真空管から固体のトランジスターに変わり、第一世代のコンピュータよりもはるかに小型化されたコンピュータが登場した。これらのコンピュータは、より安定的で、計算速度はより早く（毎秒100万回の単位）なった。したがって企業等では、より多目的に利用されるようになった。

③第3世代のコンピュータ

　素子として、親指大のシリコンチップ上に、写真の縮小技術や高精細度の印刷技術等を使って、数十のトランジスタとそれらをつなぐ回線等を組み込んだ、**集積回路（IC）**を採用したコンピュータが登場した。CPUの演算速度はさらに高速になり、タイムシュアリング（時分割とも呼ばれるように、例えば1秒を1000分割し、それぞれの短い時間を複数の仕事に順に割り当てることで、複数の利用者が感覚的には同時に利用しているように感じられる）という方式が可能になった。この結果、ビジネスでのコンピュータ利用が急激に普及するようになった。

④第4世代のコンピュータ

　これ以降は諸説あるようだが、1チップ上に10万個以上のトランジスタを搭載したものを**大規模集積回路**と呼び、これを用いたコンピュータを第4世代のコンピュータと呼ぶ場合がある。この世代は今日まで続いていて、スマホの中には、超小型で超高性能のコンピュータが内蔵されているのである。

⑤第5世代のコンピュータ

　この世代は、コンピュータの素子というよりは、コンピュータの使われ方において革命を起こしたということで、新世代と呼ばれているようである。すなわち、1980年代初頭の、ビジネスで利用可能な高性能の**マイクロコンピュータ（パソコン）**の登場である。1社に1台から、一人に1台のコンピュータ利用という時代の幕開けになったのである。

6-1-3　ムーアの法則とコンピュータ「京」

　ところで、ハードウェア、特にCPUの発達の歴史において、重要な法則と呼ばれるものがある。それは、**ムーアの法則**（Moore's law）と呼ばれるもので、インテルの元会長のG. ムーアが1965年に初めて指摘したということで、こう呼ばれている。K. C. ロードンたちによると、それは以下のようなものである[4]。

構成要素（一般的にはトランジスタ）1個あたり最小の製造コストで、1チップに搭載できる構成要素数は、毎年2倍に（後になって2年で2倍に修正）なる。

素子とは、CPUの演算回路や主記憶装置等を構成する基本的な構成要素であるために、素子に関する上述のムーアの法則が一般化されて、ムーア本人はまったく言っていないが、以下のような法則が派生し、一人歩きしているそうである。

①マイクロプロセッサの能力は、18ヶ月毎に倍になる。
②コンピュータの性能は18ヶ月毎に倍になる。
③コンピュータの価格は18ヶ月毎に半額になる。

誰が言い出したかはともかく、これらの法則は今日に至るまで、感覚的にもデータ上でも比較的当たっていて、しかも今後もこの傾向は当分続きそうだということである。要するに価格に対する情報処理性能は18ヶ月で2倍に向上する。これは5年で10倍、10年に換算すると100倍以上ということである。つまり、同じ業務処理を人間とコンピュータで行った場合、十年後には単純に表現すると、1台のコンピュータで、人間百人分の処理が可能になるのである。また、現在標準的なパソコンで1分かかる処理が、10年後の標準的なパソコンでは1秒以内でできるという計算である。

2011年に登場した「京」（ケイ）というコンピュータは、当時は世界最速のコンピュータとして話題になったが、その性能は、1秒間に実行可能な演算回数が1京回（1兆の1万倍＝10ペタ）というものであった。富士通のホームページによると、それは「地球上の70億人が1秒間に1回計算できるとして、その全員が休みなく計算して、1京回の計算をするのに約17日かかる。それをコンピュータ「京」は1秒間でやってしまう」という速さである。

別の方法で説明すると、光や電気、電磁場の速度は1秒間に約30万キロだという。すると、

$$\frac{300{,}000{,}000{,}000}{10{,}000{,}000{,}000{,}000{,}000}\,\text{mm} = \frac{3}{10\,\text{万}}\,\text{mm}$$

すなわち、1台のコンピュータで1秒間に1京回の演算をしようとすると、1回の演算を、光が（3/10万）ミリメートルしか進めない間に行う必要があることになる。そんなに小さくて超高性能のCPUを作ることは無理である。そのために、「京」というコンピュータは、世界最高クラスのCPU（処理装置）を8万個以上接続して計算しているそうである。

ところで、CPUの性能の一つの演算速度は、1秒間の演算回数で表現される。数の大きさは、日本語では一、十、百、千、万と1桁上がるごとに変化するが、万から上は、1万倍毎に億、兆、京と単位の呼称は変わる。一方英語では1千倍ごとに単位の呼称が変わる。以下に、日英の単位の対応表を示す。

1 K（キロ）＝ 2^{10} ≒ 1,000 ＝ 1 千
1 M（メガ）＝ 2^{20} ≒ 1,000 K ＝ 100 万
1 G（ギガ）＝ 2^{30} ≒ 1,000 M ＝ 10 億
1 T（テラ）＝ 2^{40} ≒ 1,000 G ＝ 1 兆
1 P（ペタ）＝ 2^{50} ≒ 1,000 T ＝ 1,000 兆
1 E（エクサ）＝ 2^{60} ≒ 1,000 P ＝ 100 京（ケイ）
1 Z（ゼタ）＝ 2^{70} ≒ 1,000 E ＝ 10 垓（ガイ）

京という単位はこれまであまり目にしなかったが、コンピュータ「京」の登場で知られるようになった。同時に、東日本大震災時に被災した福島原発から大気中に飛散した放射能の量としても登場した。いずれも2011年のことであった。いわゆるムーアの法則が今後も成り立つとすれば、京の1万倍の垓という単位がニュースで取り上げられるのもそれ程先のことではないかもしれない。

なぜ人間はより高速のコンピュータを作ろうとするのだろうか。それは、CPUが速ければ速いほど

・複雑な計算をより短時間で実行できる

- 一定時間内により大量のデータを処理できる
- 一定の量のデータをより短時間で処理できる
- 上述のTSS（time sharing system：時分割処理）により、一度により多くのプログラムを実行することができる。
- 言語処理、人工知能、パターン認識等、計算以外の複雑な処理もより短時間でできるようになる

等々、様々なメリットを享受できるようになる。このことにより、第8章で述べるように、人間による意思決定にとって代わったり、第9章で検討するように、人間の意思決定を支援したり、そして第10章で見るように、まったく新しいビジネス戦略を構想するために、企業はコンピュータを活用するのである。

ところで、上述の光や電気、電子の速さの話題からも明らかであるが、速いコンピュータを作ろうと思えば、コンピュータをより小さくする必要がある。そしてコンピュータが小型になると、パソコンのように、設置が容易になる。今日では、ウエアラブルコンピュータのように、直接身につけることのできるコンピュータも登場した。こうして、コンピュータの機能をどこでも利用できるというメリットが生じる。それほど大きな装置でなくても、大量のデータを記憶できるようになるというメリットも生ずるのである。

こうして、ハードウェア、特にCPUの発達は、以下で説明するように、ソフトウェア、ネットワーク、そしてデータベース等の他の関連諸技術の発達を促したのである。

6-2 ソフトウェア

6-2-1 ソフトウェアの種類

　コンピュータのCPU（中央処理装置）、入出力装置、記憶装置等のハードウェアを動かして何かの処理をさせようとする場合、人間が、それらのハードウェアをどのように動かすべきかの命令をCPUに与える必要がある。そうした一連の処理手順を命令の形で記述したものを**プログラム**（program）と呼び、そしてプログラムあるいはプログラムの集まりを**ソフトウェア**（software）と呼ぶ。

　ソフトウェアは、2進法、すなわち機械語の世界で動作するハードウェアと、それを使う、自然言語の世界に生きる我々人間との間の橋渡しをするという役割を持つが、次のような種類がある。

①**ファームウェア**（OSが起動するまでの処理のプログラムで、出荷時点でコンピュータに組み込まれている）

↕

②**基本ソフトウェア**（システムソフトウェアあるいはオペレーティングシステム：OS）

↕

③**ミドルウエア**（グラフィカルユーザーインターフェース等で、基本ソフトウェアに組み込まれている）

↕

④**応用ソフトウェア**（アプリケーションソフトウェア）

↕

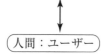

ソフトウェアには、上記①から④までの種類があるが、これらの内、我々一般的なコンピュータユーザーが使う機会があるのは、応用ソフトウェア、ミドルウェア、そして基本ソフトウェアである。

基本ソフトウェアあるいはオペレーティングシステム（operating system：OS）は、コンピュータシステム全体を管理するソフトウェアである。現在は、マイクロソフト社とアップル社による寡占状態にあり、パソコンを購入するとその時点でいずれかがすでに組み込まれて売られていることが多い。最近は、リナックス（Linux）という、オープンシステム（みんなで手を加えて良いものにし、誰でも自由に使える）としてインターネット上で入手し、利用できるOSが普及しつつある。

ユーザーが、自分の仕事のためとか娯楽のためにといった、何らかの目的のために適用（応用）するソフトウェアがアプリケーション（応用）ソフトウェアである。特定の目的の実現のために特定のソフトウェアを適用することからきている。代表的なものには、ワープロソフト、表計算ソフト、データベースソフト、メールソフト、検索ソフト、ゲームソフト等がある。今日では非常に多種類のソフトウェアが販売されていて、それらの価格や機能は千差万別である。ゆえに、どのソフトウェアを選ぶかが我々ユーザーにとって、非常に重要な意思決定課題となっている。要するに、ソフトウェアの適切な選択ができるだけの知識を備えることを、我々は要求されているのであるが、そのような知識や技能は、コンピュータリテラシーと呼ばれる。

こうしたプログラムは、以下で見るプログラム言語を用いて、様々な企業やグループ、あるいは個人によって開発されたものである。使い易いプログラム言語が発達したために、今日見られるように多彩なアプリケーションプログラムが登場したのである。

6-2-2 プログラム言語の発達（プログラム言語の世代交代）

ENIACのような初期のコンピュータでは、コンピュータに何かの処理

を実行させる場合、プログラムワイヤリング方式といって、その都度、数百本のワイヤーで真空管等の基盤をつないで命令を与えていた。そのためには、数人がかりで数日間を要していたそうである。それも、コンピュータが理解できる唯一の言語である2進法に基づいて命令（プログラム）を組んでいたのである。その後、今日のコンピュータの主流であるプログラム内蔵方式という仕組みが定着し、コンピュータの記憶装置に事前に機械語のプログラムを常駐させておくことができるようになった。

　プログラム言語の発達は、上述のコンピュータのハードウェアの発達と密接に関連していたということができる。すなわち、コンピュータの処理速度の向上により、より複雑で大きな翻訳プログラムを、短時間で実行できるようになった。そして、コンピュータの記憶領域の拡大により、より高度で大きな翻訳プログラムを事前にコンピュータに常駐させておけるようになった。事前にコンピュータに組み込まれた高性能の翻訳プログラムによって、人間が使う自然言語により近い言葉で書かれたプログラムが、機械語（1と0の二進数）に自動的に翻訳され、ハードウェアに指示、命令が与えられるようになったのである。

　プログラム言語も、コンピュータの発達と同様に、世代で区切ってその発達の過程を説明することができる[5]。

①第1世代のプログラム言語

　コンピュータの主記憶容量が小さかった頃は、翻訳プログラムは存在しなかった。ゆえに、人間は、コンピュータの言語である、0と1の二進法によって構成されている、**機械語**（machine language）でプログラムを書く必要があった。機械語はハードウェアに依存した言語で、ハードウェアを変えればプログラムも書き換える必要があった。また、0と1の羅列であり、誰でも容易にプログラムが書けるわけではなかったようである。以下に例を示す。

　　　プログラム例：　　0101101000010000111100111 01100010

②第2世代のプログラム言語

　アセンブラ言語とも呼ばれるが、記号的表現を機械語に変換する翻訳プログラム（アセンブラー）がハードウェアの主記憶装置に内蔵されていて、簡単な英単語や英字記号を用いて書かれたプログラムが、自動的に機械語に翻訳されるようになった。このため、人間にとっては少し扱いやすくなったが、機械語と1対1で対応した言語であるため、ハードウェアの機種が変更されると、プログラムも書き換えられる必要があった。

　　　　プログラム例：　ADD　X

③第3世代のプログラム言語

　コンパイラ言語とも呼ばれるが、一定の文法にしたがって書かれた英文や数式を含む一連のプログラムを、機械語に変換する翻訳プログラム（コンパイラー）が内蔵されているため、自然な言語に近いプログラミングがより容易になった。また、ハードウェアからも独立してきたので、機種を変えてもプログラムがそのまま利用できるようになった。コンパイラ言語では、その言語で書かれたソースプログラムがすべて機械語（オブジェクトプログラム）に変換された上で実行されるため、プログラムにエラーがある限りそのプログラムは実行されず、デバッグ（バグ、すなわち虫とも呼ばれるエラーをすべて潰す作業）が大変である。しかし一度この作業が完了すると、頻繁に利用するプログラムを機械語のまま記憶させておくことで、次回からの処理が速やかに実行されるようになる。

　代表的なプログラム言語には、FORTRAN（科学技術計算用の言語で、スーパーコンピュータでも利用されている）があるが、これは、数式がそのまま利用できるという特徴がある。

　　　　プログラム例：　$x = y - z$

　また、COBOL（事務処理向けに開発された言語）は、数式が苦手な文系出身の事務系の仕事をしている人たちにも馴染みやすいのが特徴である。

　　　　プログラム例：　SUBTRACT z FROM y GIVING x

他にも、PL／IとかC、Java等、それぞれ特徴のある言語がある。

　以上のようなコンパイラ言語とは異なり、プログラムの最初の1行を機械語に変換して、エラーがなければその命令を実行し、次の1行に取りかかるというように、1行1行を順に変換し実行するというタイプのプログラム言語もある。それは、**インタプリタ言語**と呼ばれる。エラーがあるとそこで実行が止まるため、利用者はその場でデバッグすることができ，その意味で、初心者向きの言語である。**BASIC**がその代表的なものであるが、パソコンの普及とともに普及した。

④第4世代のプログラム言語（4GL）

　この代表的な言語はSQL（structured query language）であるが、後述するデータベース管理システムのための言語でもある。複雑かつ柔軟な翻訳プログラムを内蔵していて、**非手続き向き言語**とも呼ばれるが、簡単な判断や推論を行うことができる。例えば、会社の従業員データベース（PERSONNEL）の中から、「一瀬」という名字の従業員をすべて選び出し、その従業員たちの住所の一覧表を出す場合、次のようなプログラムを書くだけでよいとなれば、人間の側の負担は非常に軽くなるだろう。

　　　プログラム例：　SELECT ADDRESS FROM PERSONNEL
　　　　　　　　　　　WHERE NAME＝"一瀬"

　以上のように、プログラム言語の世代が進むごとに、人間側の負担は軽くなってきた。その背景には、前述のように、ハードウェアのめざましい進歩があったが、人間が用いている自然言語（残念ながら日本語ではない）に近い言語で様々なプログラムが書けるようになった。その結果、今日では、基本ソフトウェアについても応用ソフトウェアについても、様々なタイプのプログラム製品が利用できるようになってきているのである。とはいえ、そのようなプログラム製品は、いずれかの企業が、あるいは誰かが、プログラム言語を用いて苦労して開発したものである。決して違法にコピーをしたりして無料で使おうとしてはならない。

6-3 データベース管理システム

6-3-1 データファイルの時代

　データベース（database）は、相互に関連のあるデータを一定の規則に従って、重複のない形式にまとめて記憶し、複数の基幹業務処理システムから使用できるようにした、データの格納庫である。このようなデータベースに蓄積されるデータは、**構造化データ**と呼ばれる。第8章と第9章で扱うような、企業の伝統的な経営情報システムで扱われてきたデータは、主としてこのようなタイプのデータである。

　第2章のデータの定義の際にも述べたが、データはいつ何時必要になるかわからないから、出所の信頼できるデータはできるだけ多く蓄積しておくことが望ましい。とはいえ、いざという時に適切なデータを速やかにデータベースから取り出せないと意味がない。何でも捨てずに持っていて、部屋の中は様々な物でいっぱいだが、いざある物を使おうと思うときに、それが見つからないのでは、ゴミ屋敷と同じである。データベースから常に必要なデータだけを取り出せるように管理する情報システムを、**データベース管理システム（DBMS）**と呼ぶ。

　伝統的な基幹業務処理システム（第8章で説明するが、TPSとかEDPSと呼ばれる）では、それぞれのアプリケーションプログラムに、そのプログラムで用いられるデータが、データファイルの形で付加されていた。例えば大学のアプリケーションプログラムについて説明すると、以下のようになる（図表6-2）。

　図表6-2に示されるように、データベース技術が登場する以前には、企業や役所、大学等で開発された業務処理のためのアプリケーションプログラムには、それぞれに固有のデータが集められたデータファイルが作成されていた。

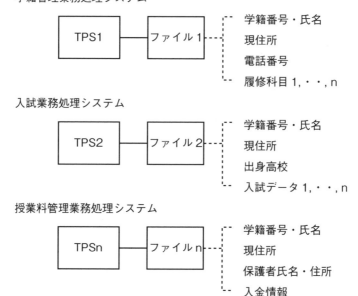

図表6-2 大学の業務処理システムとデータの関係

　そのことにより、プログラムとデータを格納するハードウェアの記憶容量は少なくて済むが、反面、次のような問題が発生しやすくなった。すなわち、データの重複入力や重複保持の必要性が高まり、
・同じデータを何度も入力することになり、不経済である。
・時間が経過するにつれて、同一学生についてのデータの内容が、ファイル1とファイル2で異なる等、不整合が生じる。
・同一データの入力回数が増えることから、エラーの可能性が増え、不正確なデータが混入しやすくなり、第2章で述べたような、GIGOの問題が生じる。
　ファイル方式が採用された理由は、当時のコンピュータの性能が、今日と比較すると格段に低かったために、大量のデータを一度に扱えなかったからである。記憶容量が小さかったことと、処理スピードが遅かったため

に、限られたデータ量しか一度に扱えなかったのである。

　西暦2000年が近づくにつれて、コンピュータやソフトウェア業界を中心に、2000年問題ということがしきりに話題になった。1990年頃までに作られた業務処理システムでは、少しでもデータ量を減らすために、西暦の年号を4桁ではなく、下二桁で表すのが普通であった。例えば、1965年は65、1978年は78で表された。ところが2000年になると、情報システムは00を2000年ではなく、1900年として識別し、プログラムがうまく働かなくなるのではないかというのである。実際には多くのプログラムが事前に修正されたり、新しいプログラムと取り替えられたりしたこともあり、あまり大きな問題は起こらなかったようである。

　今日では、ハードウェアの発達により、大量のデータの蓄積と短時間での処理が可能になってきた。その結果、データファイルの形ではなく、以下に述べるような、データベースの形で、アプリケーションプログラムで用いられるデータが管理されるようになったのである。

6-3-2　データベースの時代

　ハードウェア技術が急速に発達し、それと平行してソフトウェア技術もまた急速に発達した結果、**データベース管理システム（DBMS：data base management systems)** という技術が登場した。今日の基幹業務処理システム（TPS）では、処理対象となるデータは、以下のように、DBMSによって管理されるようになっている（図表6-3）。

　図表6-3に示されるように、今日の企業におけるTPSの多くが、それぞれのアプリケーションプログラムで利用されるデータを、DBMSの下で一元管理されているデータベースから、DBMSによって取り出され、提供されるようになっている。その結果、以前のように個別のデータファイルを用いる場合に発生した問題の多くが解消されることになった。すなわち、重複入力がなくなり、より経済的になると同時に、入力ミスの機会も減少した。データの一元管理により、データの不整合が減った（いずれ

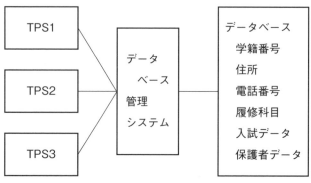

図表6-3　TPSとDBMS

（注）
TPS1：学籍管理業務処理システム
TPS2：入試業務処理システム
TPS3：授業料管理業務処理システム

かのTPSで修正されたデータはただちに、他のTPSにも反映されるようになった）。そして、データベースおよびDBMSを徹底的に保護することにより、セキュリティーが大きく改善された、等々である。

　反面、万一データベースが格納されているハードウェアが故障したり、保護策を突破してDBMSにコンピュータウィルスが侵入したり、データが改竄されたり、盗まれたりすると、すべての業務処理システムが止まったり異常が発生したりするというリスクが高まることになった。徹底的な保護対策が重要となるのである。

6-3-3　データベースにおけるデータの表現単位

　構造化データベース内でのデータは、次のような階層的な構造を有している。

　ビット（0か1の、2進数1桁分）：binary digit
　バイト（8ビットで半角1字の英数字、記号等を表現する）
　キャラクター（16ビットで全角1字の平仮名や漢字を表現する）
　フィールド（数バイトあるいはキャラクターから数十バイトあるいは

キャラクターで表現される、意味のある最小のデータ単位）

　例　名前：一瀬 益夫　性別：男性　所属：経営学部

（エレメントとも呼ばれる。）

レコード（ある対象に関する一連のフィールドの集まりで、意味のある分析のための最小単位）

　例　一瀬 益夫の業績に関するフィールドの集まり

ファイル（特定の属性を共有するレコードの集まり）

　例　東京経済大学の全専任教員の業績一覧

　　　銀行の口座ファイル

データベース（ある組織がある目的で管理するファイルの集まり）

　例　東京経済大学の学生の学籍、入試、授業料納入等のファイルの集まり

　データベースに格納できるよう、あらかじめ形式（構造）が厳格に定義されている構造化データを例にして、上記のデータベースに関連する用語を説明しよう（図表6-4）。

　図表6-4の表頭（第1行目）の見出しは、それぞれのフィールド（エレメント）の名称を示している。このファイルは、学籍番号、氏名、1回目、2回目、3回目、そして4回目のテストの点数、そして評価の七つのフィールドによって構成されていて、各フィールドのデータが列方向（縦方向）に示されている。また、この例では5人の学生が受講しているが、一人一人のデータが1行（横方向）ごとに示されている。この1行分が1レコードである。そして5人分のレコードの集合で1ファイルが構成されている。

　データは、例えば、一瀬益夫（4キャラクター）とか、76B1234（7バイト）とかのように、図表6-4の各セルに記載されているものを指す。第2章のデータの定義でも言及したように、一つのデータだけが単独で存在しても、意思決定に役に立つ情報とはなり得ない。

　コンピュータに入力される構造化データのファイルでは、76B1234 一瀬益夫 20 20 18 23 A 76B2345 東経太郎 15 16 20 22 B 76B3456……というように、決まった順序で，スペース等で区切られて、データが並べられて

図表6-4 テスト記録と成績評価ファイル

成績評価ファイル

学籍番号	氏名	①	②	③	④	評価
76B1234	一瀬益夫	20	20	18	23	A
76B2345	東経太郎	15	16	20	22	B
76B3456	良出北蔵	21	23	25	22	S
76B4567	又田メカ	11	8	15	10	X
76B5678	大丈夫カナ	⑮	17	14	16	Ⓒ

フィールド（列見出し）／レコード（各行）／データ（各セル）

いる。順序が狂ったり、何かのデータが抜け落ちると、ファイル全体が意味を持たなくなる。企業や大学等は伝統的にこうした構造化データを大量に蓄積し、分析利用してきた。一例として、顧客データファイル、製品データファイル、会計データファイル、従業員データファイル、学籍データファイル、等である。

　一方、非構造化データとは、形式（構造）が厳格に定義されていないデータである。ワープロその他のソフトウェアで作成された文書、SNS（ソーシャルネットワークサービス）に書き込まれたテキストや写真、映像その他のデータ、監視カメラの映像、等が非構造化データベースに蓄積されている。そして、これら非構造化データベース向けのDBMSや検索のためのソフトウェアが、最近次々と開発されつつある。ビッグデータ（大量、

多種類、そして多頻度で発生するデータ）の活用が現在進みつつあるのは、こうした技術の発達が理由となっている[6]。

　当然ではあるが、このようなファイルやデータベースに含まれるデータ量は、膨大なものになる。例えば、大学の学籍管理システムを例にすると、学生たちが各年度のセメスターごとに10科目以上登録する履修科目や、それらの成績評価の記録をすべて管理する必要がある。しかも、学生たちが入学してから卒業するまでの全データを記録していく。そして、卒業後もいつ彼らが自分の卒業証明書や成績表を必要とするかわからないので、これらのデータはずっと保持されることになる。ゆえに、学籍データは年々増え続けていく。ビッグデータになると、毎日、何十テラバイトとか何百テラバイトといったペースで増加している。

　一方、本章のハードウェアの項でもふれたが、大規模集積回路によるメモリーが登場したことにより、メモリー容量も猛烈な勢いで増大し、同時に1ビット当たりのコストは逆に急激に低下してきている。スマホや比較的低価格のパソコンに搭載されている記憶装置やUSBメモリー等の補助記憶装置のデータ容量も、驚異的な速度で増加を続けている。

6-4　通信ネットワーク

　ネットワーク（network）は、一般的な定義としては、ノード（点）とチャネルあるいはリンク（線）によって構成される網の目状のものを意味する。通信ネットワークは、標準的な通信規約を用いることによって、諸資源を共有したりコミュニケーションをとることができる、コンピュータ、電話、プリンター、あるいはディスプレーといった、相互に接続された機器のグループである[7]。通信ネットワークを図示すると、図表6-5のようになる。

　図表6-5のノードは、パソコン、コンピュータ、プリンター、ルータ、電話機、スマホ、携帯電話、等の機器によって構成される。リンクは、公

図表6−5　ノードとリンクによって構成される通信網

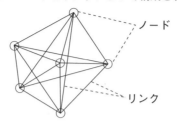

衆電話回線、無線電話回線、光ケーブル、ケーブルテレビ回線、マイクロ波、赤外線、電磁波、等によって形成される。

6−4−1　代表的な通信ネットワーク

　企業等で用いられている通信ネットワークには様々なタイプがあるが、閉鎖型のネットワークと開放型のネットワークに大別できる。それぞれの代表的なネットワークを以下で簡単に説明しよう。ここで扱わないタイプのネットワークもあるが、今日では以下のいずれかでほぼカバーされている。

閉鎖型のネットワーク

　このタイプのネットワークはプロプライエタリネットワークとも呼ばれるが、特定の企業や大学等が、ネットワークのためのハードウェアやソフトウェアの装置や技術を購入したりリースしたりして、独自に構築するネットワークで、誰でも自由に利用できるネットワークではない。セキュリティー面でのメリットはあるが、他の組織のネットワークと接続しようとすると、相手側の通信の方式と異なっていたりして、問題が発生する可能性がある。

① LAN（local area network：ローカルエリアネットワーク）
　一つの建物、あるいは一つのキャンパス内で、それらを所有する企業や

大学等が独自に構築するネットワークである。
② MAN（metropolitan area network：メトロポリタンエリアネットワーク）
　比較的大きな都市内をカバーする、中規模のネットワークを指すが、特徴は次の WAN の場合と同様である。MAN の場合、地域のケーブルテレビ（CATV）回線網を用いたりすることがある。
③ WAN（wide area network：ワイドエリアネットワーク）
　広域ネットワークであるが、利用組織の建物やキャンパスの外部にまでネットワークを広げる場合は、通常は通信事業者の通信回線を借りて構築する必要がある。
④ GAN（global area network：グローバルエリアネットワーク）
　世界規模のネットワークを指すが、国内では国内の通信事業者の通信回線を借り、海外へは国際通信事業者の通信回線を借りて展開する必要がある。日本の場合、海底ケーブル回線や通信衛星回線が用いられる。

開放型のネットワーク
　開放型のネットワークの代表はインターネットである。上述のように、閉鎖型のネットワークの場合、他のネットワークと接続する場合に問題が生ずる。例えば TKU-NET（東京経済大学の LAN）に接続している一瀬研究室のパソコンを使って別の大学の研究室にいる教授にメールを送ろうとしても、それぞれの大学のネットワークの通信規約が異なっているために、送受信ができない場合がある。こうした問題を解決するための仕組みが、ネットワークのネットワークとも呼ばれるインターネットである。

①インターネット（internet）
　このネットワークは 1970 年代の初期に、アメリカの国防総省が世界中の科学者や大学教授たちを結ぶためのネットワークとして始まったといわれている。相手がどのような規約を用いる LAN に繋がっているかに関

わらず、簡単にデータの交換ができるようにしようというものである。それが、1990年代の中頃に民間企業や大学が自由に利用できるように開放され、今日に至っている。

　LANやMAN、WAN、あるいはGANを運用する組織が他の各種ネットワークと接続する場合、当該ネットワーク独自の方式で書かれているメッセージやデータ等をTCP／IPという国際標準の通信規約に準拠して変換して、インターネットに送り出すのである。逆に受け取る場合は、TCP／IPに準拠して送られてきたメールやデータを、自社のネットワークに固有の方式に変換して、自社のLANに流せばよいのである。

　TCP／IP規約は公開されていて誰でも利用でき、特にどこかに利用料を払う必要もない。変換のためのプログラムは今日ではほぼすべてのパソコンに組み込まれているので、個人でも、パソコンと電話回線、接続機器等があればインターネットに接続できるので、あっという間に世界中へ広がったのである。また今日、企業が何か新しいビジネスを始めようとする場合、インターネットの活用は不可欠である。既存の企業も、その活用なしには、他社との競争に生き残れないだろう。

　インターネットの応用として、次の二つがある。

②**イントラネット**（intranet）

　インターネットの技術を用いたLAN（社内情報システム）である。伝統的なLANよりも遥かに低コストで構築することが可能になるために、中小零細企業や個人企業でも利用できるようになった。

③**エクストラネット**（extranet）

　インターネットの技術を用いたグループ間ネットワークで、特定グループ企業間でのネットワークを低コストで構築可能になった。

　なお、インターネットは元来が利用の容易さを前提として構築されているので、セキュリティー上非常に脆弱なシステムである。ゆえに、イントラネットやエクストラネットを利用する場合は、それぞれのネットワークが**ファイアーウォール**（firewall）と呼ばれるような、関係者以外の利用

や進入を防御する仕組みを整えたり、通信に暗号文を用いる等の対策が必要となる。

6-4-2　ネットワークの発達と企業の情報システム

　以上で見てきたような多様なネットワークを用いることによって、企業の情報システムと、社内や社外の利用者との関係が大きく変化してきた[8]。

①第一レベル：ネットワーク技術が未発達の時代

　図表6-6に示されているように、ネットワークが利用できない時代には、コンピュータによる処理はすべてコンピュータが設置されている部屋（コンピュータルームとか電算室等と呼ばれていた）の中で行われていた。したがって、社員でも、データ処理の依頼のために、電算室まで足を運び、依頼書を書いたり、データ用紙や伝票を届ける必要があった。電算室での処理は夜間に行われ、処理結果を、依頼者が翌朝再び電算室まで取りに行かなければならなかった。

　この方式では、窓口担当者は開店中に窓口を留守にすることはできないから、顧客からのサービスの要求は紙で申し込んでもらい、窓口を閉めてから（閉店後）、その依頼書をまとめて電算室に持ち込むことになる。その結果、顧客は、サービスを受けるために最低でも2回、窓口まで足を運ばなければならないし、運が良くても最低1晩は待たなければならなかっ

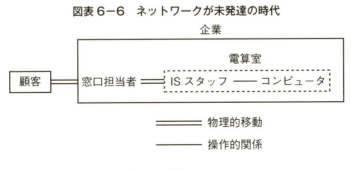

図表6-6　ネットワークが未発達の時代

た。

②第二レベル：LANの時代

　LANが導入されると、図表6-7に示されているように、窓口担当者のデスクにまでネットワークが敷かれ、パソコン（パソコンの登場以前には入出力端末装置）やプリンター等が置かれるようになった。顧客が窓口に来ると、担当者は顧客と話をしながらその場でパソコンを操作し、顧客からの様々な要求や依頼、問い合わせを、その場で処理できるようになった。ゆえに、顧客は窓口には1回だけ行けば良くなったし、電話での問い合わせや注文も、つないだままで回答できるようになった。そのぶんサービスレベルは向上した。

③第三レベル：WANの時代

　WANが利用できるようになると、図表6-8に示されているように、サービス用の入出力端末機器は、会社の窓口から遠く離れた、取引先企業の建物の中や、多くの顧客がしばしば立ち寄る駅や大学、役所、病院等に設置されるようになった。銀行のATM（現金自動入出金機）を思い浮かべてもらえば良い。お客は近くのATMに立ち寄った際に、自分でATMを操作し、現金を引き下ろしたり入金したりすることができる。いちいち銀行の支店に行く必要がなくなり、便利になった。しかし銀行側も、お客さん

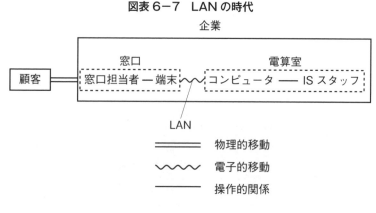

図表6-7　LANの時代

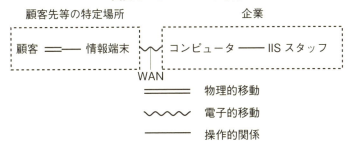

に操作してもらうことにより、窓口業務が減り、人員の削減が可能になった。

④第四レベル：インターネットの時代

　図表6-9に示されているように、企業の情報システムがインターネット環境で利用できるようになると、顧客は自分のスマホや携帯電話を利用することで、どこか特定の場所へ出向く必要すらなくなってくる。そして、スマホで受けられるサービスに限ってのことではあるが、24時間いつでもサービスを受けることができる。一方企業の側も、専用の機器を設置したりWANの回線利用料金を負担する必要がなくなる。

　第三、第四段階では新しいビジネスモデル（収入を得る方法）が次々と出現したために、**IT革命**という言葉が使われるようになった。前述のように、これらのビジネスモデルでは、利用者には確かにメリットがあるが、反面、スマホの利用料等、利用者の側の負担感も増すことになる。両者のバランスをどうとるかは難しい課題である。

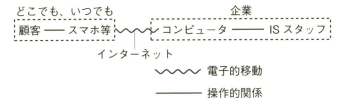

以上、本章で見てきたように、ITの主要な4つの技術領域のすべてにおいて、過去数十年間に急激な発展があった。その結果、情報時代とも呼ばれるような現代社会が出現し、第8章から第10章で見るように、企業は経営者や管理者の意思決定を支援したり、肩代わりするための経営情報システムを次々と開発し、運用してきたのである。

―― 注 ――

1) Haag, S. et als., Management Information Systems 6th ed., McGraw-Hill Irwin, 2007, pp.15-16.
2) Davis, W.S., Information Processing Systems, 2nd ed., Addison Wesley, 1981, pp.16-21.
3) 社史編纂プロジェクト編『ユニバック30年の歩み』1988年、pp.16-17.／Kelly, M.C.、末包良太訳、ザ・コンピュータ・エイジ、共立出版、1979年、pp.16-17.
4) Laudon, K.C. et al., Management Information Systems, 12th ed., Prentice Hall, 2012, pp.170-171.
5) Brookshear, J.G.、神林靖他訳『入門コンピュータ科学』KADOKAWA、2014年、pp.246-249.
6) 情報通信総合研究所編『ビッグデータが社会を変える』NTT出版、2012年、pp.12-18.
7) Wallace, P., Information Systems in Organizations, Pearson, 2013, pp.82-83.
8) 一瀬益夫、「CIO（最高情報責任者）のための経営教育」、日本経営教育学会編『講座／経営教育第3巻　経営教育論』中央経済社、2009年、pp.178-181.

第7章
経営情報システムとは何か

7-1 システムの定義

　システム (system) については、第2部の冒頭においても簡単に触れたが、ここでもう少し詳しく検討しておこう。システムという用語は今日、いろいろな文脈において使われている。

　例えば、太陽系（ソーラーシステム：solar system）である。太陽系は、太陽という恒星を中心にして回っている水星や金星、地球のような惑星、その惑星を回る衛星（地球に対する月）、その他無数の彗星や小惑星等から構成される、一つのシステムである。これらの星々は、昔習った知識によると、万有引力と遠心力とでお互いに影響（関係）し合いながら、一つの系（システム）を作っているのである。

　人体も一つのシステムとして考えることができる。我々の身体は、様々な内臓器官や大脳や小脳、手足等で構成されている。人体の中にはさらに、神経系とか循環器系、消化器系といったサブシステム（下位システム）がある。それぞれの系には、何らかの刺激を受けると、それを他の器官に伝えるとか、摂取した食物を消化したり、水分や養分を吸収するといった役割を担当している。

　もっと身近なシステムには、オーディオシステムがある。良い音を楽しむために組み立てられたシステムであるが、プレーヤーやチューナー、アンプ、そしてスピーカー（ヘッドフォン）等が、互いにケーブルあるいは無線で接続されている。レコード盤やテープ、CD等の音源が必要だし、

第 7 章　経営情報システムとは何か

外部から電気を取り込む必要もある。

　そして、本書のテーマである、情報システム、あるいは経営情報システムがある。本章以降の諸章で詳しく見ていくが、情報システムは、意思決定者に必要な情報を提供するために構築され、運用され、利用される。情報システムを構築するためには、コンピュータやディスプレイ、キーボード、その他の装置類が必要となるし、ソフトウェアも不可欠である。電源も必要である。

　以上の例からも明らかであるが、システムはすべて、いくつかの構成要素によって形成されている。そして、それらすべての構成要素は、互いに何らかの形で関係を持っていて、影響を与えたり影響されたりしている。上述のように、太陽系の場合も、人体の場合も、この点では同様である。

　オーディオシステムと情報システムは、やはりいくつかの構成要素によって形成されていて、それらは相互関係を持っているが、その上、これらのシステムは、良い音を再生するとか、情報を意思決定者に提供するといった、何らかの具体的な目的を持っている。人体も、個体の維持や種の保存といった目的を持っているといえるかもしれない。太陽系というシステムは、この点でその他のシステムとは異なっている。

　人体も、オーディオシステムも、そして情報システムも、外部からエネルギーや音源、データや食物等を取り入れ、変換処理して、音楽や情報、行動等として出力する。しかし、人間の体は、人間が意図して作り上げたものではない。その点で人体は、オーディオシステムや情報システムとは異なる。

　経営情報システムを考えるという本書の文脈からすると、人工物ではない太陽系や人体といったシステムは、必ずしも適切な事例ではない。ゆえに、この二つのシステムは、以下の検討からは除外することにする。

　オーディオシステムや情報システムの事例から、システムとは何かについての具体的なイメージが浮かび上がってくる。J. A. オブライエンは、システムを、「インプットを受け容れて、組織的な変換プロセスの中でア

ウトプットを創り出すという、共通の目標に向かって協働する、相互作用のある構成要素からなるグループ」と定義している[1]。本書の以下の諸章でも、このシステムの定義を採用することにする。

オブライエンの定義には、あるものをシステムと呼ぶための三つの基本的な要件が含まれている。
　・複数の構成要素
　・共通の目的
　・構成要素間の相互作用
以下、この三点について検討しよう。

7-1-1　構成要素

オブライエンは、一般的なシステムの基本的かつ最重要の構成要素として、以下の三つの機能を担当する要素を取り上げている。

①インプット（input）機能
　処理されるべき要素をシステムに入力するのに関わる構成要素である。また、処理されるべき要素を獲得したり集めたりするのに関わる装置等も含まれる。例えば、原材料、エネルギー、データ、人間の努力等が事前に確保され、そしてそれらは適切に組織される必要がある。オーディオシステムの例では、レコード盤やCD盤には、組織されたデータが格納されている。そして、レコードプレーヤーやCDプレーヤーが入力装置である。

②処理（processing）機能
　インプットされた要素をアウトプットに変える様々な変換プロセスや装置が含まれる。例としては、製造プロセス、人間の呼吸器、あるいは数学の計算手順、コンピュータプログラム等がある。オーディオシステムでは、アンプがこれに相当するのではないか。

③アウトプット（output）機能
　変換プロセスによって生産されたアウトプットをシステムから取り出す

図表7-1 システムの構成要素

ための装置によって構成されている。また、アウトプットを最終的な利用者がいる場所まで届ける手段や装置も含まれる。例えば、最終製品、人的サービス、そして経営情報は、それらを用いる人間に渡されねばならない。オーディオシステムの例では、スピーカーやヘッドフォンがこの機能を担当している。

このように、システムは、インプット→プロセス（処理）→アウトプットの機能を担当する構成要素を組み合わせて形成されているのである（図表7-1）。

7-1-2 共通の目的

システムの要件の二つ目は、システムを構築する際に設定される共通目的の存在である。太陽系や人体とは異なり、オーディオシステムや情報システムのような人工のシステムには、普通は明確な目的や目標がある。その目的や目標に基づいて全体がデザインされ、必要な構成要素が集められ、組み合わされることで、システムが作り上げられる。

組織も一つのシステムとして見ることができるが、組織には当然明確な目標がある。企業組織では、第5章で検討したように、トップマネジメント層で策定される全社的で長期的な目標から、ミドルマネジメントが担当する中期的な目標、ロワーマネジメントが担当する週次や日次の目標、というように、様々なレベルや範囲の目標が存在する。こうした目標があるから、組織の中でメンバーたちが力を合わせることができる。

企業組織のように目標を持つシステムは、フィードバックと制御のメカニズムを持っている。

・フィードバック（feedback）

　フィードバックシステムでは、そのアウトプットが測定され、測定データは遡って、次の時点でのシステムの入力の一部として利用される。このようなフィードバックは、制御のためには不可欠である。例えば、売り上げ成果に関するデータは、販売担当マネジャーにとっての重要なフィードバック情報となる。

・制御（control）

　目標や目的を達成するために構築されたシステムには、制御のメカニズムが不可欠である。システムを制御するためには、当該システムがその目標の達成に向けて順調に進んでいるか否かを確認するための、監視と評価のフィードバック情報が必要となる。もしも問題があれば、インプットのプロセスに対して、あるいは処理プロセスに対して、そして時にはその両方に対して、何らかの矯正的な指示を出さなければならない（図表7-2）。

　フィードバックループとは、図表7-2に示されるように、アウトプットの結果が測定され、それがインプットの一つとして活用されるデータの流れを指す。そのフィードバックデータが、人間を介することなく、制御装置によって自動的に処理されて、インプット装置や処理装置に目標達成のための矯正的な指示が与えられる場合、そのシステムは、**サイバネティッ**

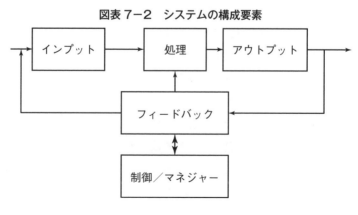

図表7-2　システムの構成要素

クシステムとか、自己監視システム、自己制御システム等と呼ばれる。自動制御の冷房システムの場合、室内温度（アウトプット）が測定され、もしもそれが設定温度をかなり下回るならば、冷えすぎということで冷房装置が自動的に停止する。しばらくして室内温度が上がると、再び冷房装置が自動的に動き出すことになる。暖房装置の場合は、その逆の動きになる。

　目標が定性的だったり、成果測定やその判定が複雑で難しい場合には、この制御の役割をマネジャーが担当することになる。ゆえに、マネジャーが制御の意思決定をするために、フィードバック情報が適宜供給されなければならない。このような情報システムについては、第8章で詳しく検討される。

7-1-3　相互作用

　システムの定義に含まれる三つ目の要件は、相互作用、あるいは相互依存関係である。7-1-1項で示された構成要素は、それぞれが独立して存在するのではなく、すべてが何らかの形で繋がっていて、何らかの依存関係を持っている。ゆえに、システムの性能は、すべての構成要素のバランスによって決まる。

　オーディオシステムを例にして考えてみよう。昔のレコードの時代でも、カセットテープの時代でも、CDやDVDの時代でも、そしてインターネット上のサイトからダウンロードして聞くことができる今日においても、システムの主要構成要素としては、プレイヤー、アンプ、そしてスピーカー（ヘッドフォン）がある。これらは当然、ケーブルあるいは無線等で互いに接続されている必要がある。

　良い音を楽しむためには、高品質のプレイヤーが必要である。しかし、アンプやスピーカーが安物の低性能の装置では、良い音は期待できない。スピーカーを高品質の製品に変えても、アンプが悪ければ良い音は期待できない。ケーブルが低機能の場合でも同様である。良い音を楽しむためには、すべての構成要素間のバランスが大事である。弱点部分があると、そ

の性能によって全体の音の品質が下がってしまう。

　情報システムについても同様である。コンピュータのCPUがどんなに高速でも、入力装置が低速であれば、CPUの速さは減殺されてしまう。ネットワークの伝送容量が低ければ、そこでも性能は落ちる。データベース管理システムの性能が悪ければ、そこでもCPUの速さは失われてしまう。

　情報システムを構築する場合は、全体のコストと共に、各構成要素間の性能バランスを慎重に考慮しなければならない。さらに後述するが、ユーザーの能力も関係してくる。

7-2　情報システムの定義

　上述の一般的なシステムの定義を用いると、情報システムは、単純には、インプットとしてデータを受け取り、それらをソフトウェアを用いて処理し、アウトプットとしての情報を創り出すシステム、と定義できる（図表7-3）。

　しかしこの定義では、データをどうやって収集するかとか、情報を意思決定者にどうやって伝えるか等については省略されている。実際には、オブライエンの定義にもあるように、そうした工程も当然含まれる必要がある。ゆえに本書では、情報システム（information systems）を、「意思決定者たちが必要とする情報を必要とする時に、必要とする場所において利用できるようにするために構築された、データを収集し、蓄積し、管理し、処理し、配布するシステム」と定義する。

　以下、前節で検討したシステムの三要件の観点から、情報システムにつ

図表 7-3　情報システム

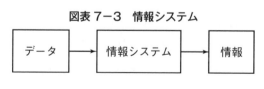

いて検討しよう。

7-2-1 情報システムの構成要素

一般的なシステムと同様に、情報システムの基本的な機能とそれを担当する構成要素は、
①インプット機能とそのための入力装置
②プロセス（処理）機能とそのためのソフトウェア
③アウトプット機能と出力装置
である。

①と③の入出力装置に関しては、第6章で詳しく検討したとおりである。また、最近は通信ネットワーク技術の発達により、装置は一組織あるいは企業の境界を越えて、日本全土、いや、世界中に広がってきていて、極端な言い方をすれば、利用者は今や世界のどこにいても、情報システムからのアウトプットとしての情報を、利用できるようになってきている。

②のソフトウェアに関しても、今日では、様々な用途のために開発された多彩なプログラムが利用できるようになってきたことは、前章で見たとおりである。企業の経営情報システムが担当するデータ処理の内容に関しては、以下の諸章で詳しく検討する。

7-2-2 共通の目的

情報システムの開発においては、上記の情報システムの定義にもあるように、意思決定者たちが必要とする情報を必要とする時に、必要とする場所において利用できるようにすること、が目的となる。したがって、どのような組織の中で開発される情報システムか、組織のどの階層の意思決定者が対象か、等々によって、開発され運用される情報システムの役割や備えるべき機能、評価尺度等は異なる。具体的な情報システムについては、第8章から第10章において詳述する。

7-2-3 相互作用

　情報システムの基本的な構成要素としては、第6章で詳しく検討した、IT（情報技術）の4本柱のすべてが含まれる。すなわち、ハードウェア、ソフトウェア、データベース管理システム、ネットワークの技術が互いに密接に組み合わされて、情報システムは構築される。

　以下では特に、情報システムの性能と、ハードウェア技術およびネットワーク技術との相互作用について検討しようと思う。それらの関係はイメージしやすく、理解しやすいと考えるからである。

　代表的なインプット装置としては、前章でも触れたように、キーボードやマウス、タッチパネル等がある。しかし、これらの装置は基本的には人間が操作するため、スピードが遅い。第6章のムーアの法則のところでも触れたように、CPUの処理性能は急速に発達し続けてきたのに対して、入力装置の高速化が追いつかなかったために、そこが情報システムの全体的な性能の向上面でのボトルネックとなっていた。しかし、入力を速めるための技術開発も徐々に進み、新しい入力方式が続々と登場してきている。

　マークシート読み取り装置やマークカード読み取り装置は歴史もあり、読み取り性能も向上したため、大学では入試や期末試験、小テスト、そして授業の出席カード等の処理にも利用されている。センター試験では、マークシートの技術がなければ、30万人以上の受験生の採点を短期間で行うことは難しい。

　スーパーやコンビニではおなじみの、バーコードリーダーが付属したPOSレジスターもその一つである。以前は精算の担当者が、レジスターにお客の購入する商品の1点1点について手作業で、単価をキー入力していたために、精算に時間がかかった。また、熟練店員と新米店員とでは、処理時間に大きな差が生じた。しかし今日のようにすべての製品にバーコードが付けられるようになると、レジの担当者はバーコード部分をバーコードリーダーに向けるだけで入力できるようになった。そのため、入力

スピードは速まったし、熟練者と未熟練者との間の能率上の差は縮まった。このために、大学生のアルバイトでもそこそこのスピードが出せるようになった。

さらに、**無線ICタグ**という技術が登場してきた。薄いシートの中にマイクロコンピュータやメモリー、アンテナ、送受信装置が組み込まれた荷札（ICタグ）が貼付された商品を、読み取り装置に近づけるだけでタグ内のデータが読み取れるようになった。タグのタイプによっては、スキャナーとタグとがかなり離れていても読み取り可能であり、例えば荷物をトラックに積んだままで、積荷の段ボール一つ一つの中身を確認できるようになった。微弱な電波や電磁波を使うタイプの無線ICタグは、図書館での図書の貸し出しや返却管理、蔵書管理に使われるようになっている。関東エリアでは、無線ICタグの組み込まれたスイカやパスモのようなカードが、駅での改札処理に利用されている。いくつかの大学では、学生証に無線ICタグを組み込み、教室の出入り口にICリーダーを設置して、出席管理を自動化している。無線ICタグを利用することで、これらの例のように、データ入力の高速化や無人化が可能になったのである。

インターネットの発達と普及により、スマホや携帯電話は、今や多くの人たちが日常用いている、代表的な入力装置の一つになっている。最近は**IoT**（internet of things：モノのインターネット）が話題だが、商品や機器、主要部品等に個別のアドレスを付与し、インターネットを介して相互にデータを授受できるような仕組みができつつあり、ますます大量のデータが高速でインプットできるような時代になってきている。こうした入力方法以外にも、インターネットのサイト上で公開されている無数ともいえるページをダウンロードして、データを直接情報システムに入力できるようになっている。しかし、インターネットを介して無料で入手できるデータや資料の真偽については、保証の限りではないことに注意しなければならない[2]。

このように、情報システムの性能は、ボトルネックになっている構成要

素の性能によって大きく影響されるのである。このことは、CPUと出力装置との関係においても、ネットワークや接続ケーブルと各種装置との関係においても成り立つ。システムは、構成要素同士の関係の上に成り立っているのであるから、それは当然のことである。

　システムの定義の中には、1+1≠2というものもある。これは、システムの構成要素のそれぞれの性能や互いの相性、そしてそれらを組み合わせる方法やデザインによっては、1+1＞2にもなれば、1+1＜2にもなるという意味である。ここにも情報システムの設計、構築、運用上の難しさがある。

7-3　経営情報システムの定義

　経営情報システムは、第2部の扉の図表Ⅱに示されているように、上記の情報システムと、第1部で詳細に検討した経営情報との和集合として定義できる。すなわち、情報システムのアウトプットが単なる情報ではなく、経営情報だということである。ということで、本書では、**経営情報システム**（management information systems：MIS）を「経営組織の意思決定者たちが、意思決定に際して必要とする経営情報を、必要とする時に、必要とする場所において利用できるようにするために構築された、データを収集し、蓄積し、管理し、処理し、配布する情報システム」と定義する。

7-3-1　経営情報システム開発に際しての考慮対象

　前節での情報システムの構成要素に関しては、主としてインプット→処理→アウトプットのパラダイムに基づいて説明した。ここでは、P. ワラスに従って、上述の定義に合致するような経営情報システムを、組織において実際に構築する場合に、考慮すべき対象という観点から、次の四つを提示しようと思う[3]。

第7章 経営情報システムとは何か

①人間

　情報システムを実際に開発し、運用し、管理し、利用するのは、人間である。また、そうして構築される情報システムから恩恵を得たり、何らかの影響を受けるのも人間である。一方、人間の中には、情報システムの開発や運用に反対したり、時には情報システムの円滑な運用を妨害しようとする者もいる。実際の情報システムの導入に際しては、こうした人間という構成要素に十全な配慮をしなければならない。

②技術

　第6章で考察したように、情報システムの構築や運用にあたっては、ハードウェア技術、ソフトウェア技術、データベース管理技術、そして通信ネットワーク技術の動向に絶えず注視し、最新かつ安定的な技術を選択しなければならない。

③プロセス

　組織の目的を達成するために、その組織のメンバーたちが行なう様々な活動のプロセスも重要である。次章以下で論じるように、経営情報システムは、それらのプロセスの一部に組み込まれたり、完全に自動化して人間の介入を不要にしたりする。具体的には、経営情報システムのプロセスは、アプリケーションプログラムとして開発される。

④データ

　データは、経営情報システムにとっての穀物とか食物のようなものである。データは経営情報システムに入力され、処理され、最終的にはマネジャーたちへの情報として、システムから出力されることになる。元の形式が何であれ、データは入力される前にすべて、2進数（ビット）の形式に変換して表現される必要がある。

　以上四つの対象の中でも、意思決定者としてのマネジャーたち人間的な要素と、様々な組織階層における意思決定者たちの意思決定や業務のプロセスが、特に重要である。

　以上から、経営情報システムを開発する際に考慮すべき対象範囲を、図

表7-4のように図示できる。

　伝統的な経営情報システムにおいては、窓口業務を担当する従業員（業務担当者）が、顧客や取引先からの注文や問い合わせに対応するために、入出力装置を操作して経営情報システム（MIS）を利用する。また、マネジャーたちからの指示や依頼に応じて、マネジャーに代わって入出力装置を操作することもある。その場合は、出力結果はプリントアウトされて、マネジャーに届けられる。しかし今日では、ロワーマネジャーやミドルマネジャーが直接 MIS を操作することが普通になってきている。トップマネジャーが利用することも少なくない。

　そして最近は、前章で見たように、ATM やスマホを入出力装置として、顧客が直接利用する機会が増えつつある。また、取引業者もエクストラネット等を利用して、直接取引先企業の経営情報システムを利用する機会が増えてきている。このように、MIS の開発に際しては、マネジャーや業務担当者、顧客、取引先等、様々な人間を考慮しなければならなくなってきた。他にも、図表7-4では省略したが、ハッカーと呼ばれる人々が、時にはシステムの妨害者として参加してくるかもしれない。

　MIS として点線で囲まれた部分は、技術やプロセスといった、前節で検討した情報システムの本体部分である。業務担当者たちの仕事のプロセ

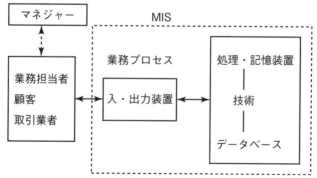

図表7-4　経営情報システム開発の際の考慮対象

スはプログラム（TPS）されて記憶装置に記憶されていて、業務の遂行上必要になったプログラムが必要な時に処理装置に移される。業務担当者や顧客、取引業者たちが入力装置を通して入力したデータは、データベースに保管されているその他のデータと共に処理されて、結果が出力されると共に、再びデータベースにも格納される。図では省略されているが、外部環境からインターネット等を通して収集されたデータがデータベースに蓄積されることもある。なお、システムの条件にあるように、入出力装置や処理装置等はすべて、通信ネットワークや接続装置を通して互いに結びつけられている。

なお、経営情報システムという言葉はまた、第9章で詳述するが、1960年代後半から米国の先進的な大企業を中心に開発されだした、主としてロワーマネジメント向けの、定期的、定型的なレポート作成システムに対して限定的に用いられる場合がある。これを筆者は「狭義のMIS」と呼んでいる。それに対して、本書で扱うような、企業で開発され利用されるあらゆるタイプの経営情報システムを総称して、筆者は「広義のMIS」と呼んでいる。

さらに、経営情報システムはまた、我々大学の教員や民間企業の専門家、様々な組織にいる実務者たちが関係する、経営情報システムの研究領域そのものを指しても用いられる。また、このような領域を中心に教育する学部や学科名、そして講義名を指して用いられる場合もある。

このように、経営情報システムという言葉は、今日様々な意味で用いられている。読者は、前後の文脈から、どの意味で用いられているかを判断する必要があるが、本書では、特に「狭義の」と限定しない場合は、基本的には広義のMISを指している。

7-3-2　経営情報システムのタイプ

本章第1節のシステムの定義で触れたように、経営情報システムが人工的なシステムである以上は、何らかの明確な目的がなければならない。そ

の目的とは、上述の如く、マネジャーたちの意思決定に役立つ情報を提供することであるが、マネジャーたちの意思決定のテーマは、第5章第5節で述べたように、大別して三つある。それらは、効率性の改善、有効性の向上、そして戦略性の強化の三つである。

ゆえに、一般的な企業の経営情報システムも、
① 効率性を改善するための経営情報システム
② 有効性を高めるための経営情報システム
③ トップマネジメントの戦略的意思決定を助け、そして戦略性を強化する（戦略的な武器となる）ための経営情報システム、
の三つのタイプが考えられる。

これら三つのタイプの経営情報システムは、歴史的にもこの順に登場してきた。そして、これら三タイプのMISはまた、組織階層と密接に関連していることも、第5章で述べた通りである。

今日でも、①のタイプのMISが開発され、運用されていないと、②のタイプのMISを構築し運用することは難しい。同様に、①と②のタイプのMISが着実に運用されていないと、③のタイプのMISを企画し、デザインし、開発し、実際に導入することは困難である。

以下、第8章では①のタイプ、すなわち効率性を改善するための経営情報システムについて詳細に検討する。そして第9章では②のタイプの、有効性を高めるための経営情報システムについて詳述する。最後の第10章では③のタイプの、戦略性を高めるための経営情報システムについて検討し、最後に、代表的な経営情報システムの発展過程を総括する。

―― 注 ――
1) O'Brien, J. A. Introduction to Information Systems, McGraw-Hill Irwin, 2005, p.22.
2) Hertz, N., 中西真雄美訳『情報を捨てるセンス選ぶ技術』講談社、2014年、第2章.
3) Wallace, P. ,Information Systems in Organizations, Pearson, 2013, pp.12-17.

第8章
効率性を改善するための経営情報システム

8-1 効率性の追求

　第5章第5節で述べたように、**効率性**（efficiently）の追求とは、仕事を正しい方法で行うよう努力することであり、最小のインプットで最大のアウトプットを得ようと努力することである。効率性の悪い経営をしていては、必然的に利益率（あるいは利益幅）が小さくなり、利益を上げることは難しいし、競合他社との価格競争に対応できず、競争に生き残ることが困難になる。どんな企業にとっても、効率性の改善は不可欠なテーマなのである。

　参入当初は、他社よりも製品の性能や品質がずば抜けて高いとしても、しばらくするといくつかの競争企業は間違いなく追いついてきて、競争優位は薄れてしまう。その点、日常業務の効率性の継続的な改善は、安定した競争優位の源泉となり得るのである。

　効率性は、一般的には、

　　アウトプットの価値／インプットの費用

　すなわち、

$$\frac{\text{生産される製品やサービスの価値}}{\text{ヒト、モノ、カネ、エネルギー、その他の費用}} \quad \cdots\cdots A$$

で測定され、評価される。

　効率性の改善策としては、上記の計算式からも容易に導き出せるであろ

うが、以下のようなものが考えられてきた。

①製品やサービスの価値を高める

　Ａ式の分子の値を大きくしようというアプローチである。具体的には、インプットの量はそのままで、生産量を増やしたり、単位時間内に提供できるサービスの量を増やすことである。もう一つは、単位当たりの製品やサービスの価格を上げることである。

　前者の対策ためには、新たな生産設備や技術の導入等が前提となるが、新たな設備の導入には、一般的には追加的な費用がかかる。それゆえに、本当にＡ式の値の改善（増大）につながるのか、慎重に検討する必要がある。後者の対策についても、厳しい競争環境下では難しいだろう。価格を上げることで売上数量が大幅に減り、かえって分子の値を小さくするかもしれない。

②材料費等の削減（メーカーの場合）

　分母の値を小さくしても、Ａ式の値は大きくなり、効率性の改善につながる。その一つが原材料や部品の調達価格の引き下げである。しかし、購買力の大きい大企業は別として、原材料や部品の価格を引き下げるという交渉は簡単ではない。そこで、少し原材料や部品の品質を下げることで実現しようとすると、製品の品質が悪くなり、市場での製品価値が下がる。そのために、売上数量が減るか、価格を下げるという対応を迫られるかのいずれかとなる。その結果、分母での改善分は、分子の減少により帳消しになるか、かえって悪化する可能性が高い。

③エネルギー等の費用の削減（メーカーの場合）

　Ａ式の分母の中の大きな項目の一つはエネルギーの費用である。しかし、原油の大部分を輸入に頼っている日本では、電気やガス、灯油や重油等の価格は、石油や天然ガスの輸入価格や為替レートの変化に大きく依存していて、価格交渉の余地はあまりない。このアプローチも現実的には実行困難である。

④人に関する費用（人件費）の削減

　業種によっては、人件費が分母の大部分を占めることもあり、この部分をいかに削減するかが、効率性の改善のキーポイントとなっている。人件費の削減に関しては、以下のような策が考えられる。

・賃金の引き下げ

　日本企業の場合、国内でこれを行おうとすると、優れた人材が集まらなくなったり、従業員たちのやる気が落ちたりする。このことは、事務部門では意思決定の質の低下やミスの増加につながるし、メーカーの場合は能率の低下や製品の品質の悪化につながる恐れがある。

・人員の削減

　この策にも、前述の①の対策に関して指摘したように、新しい設備や技術の導入といった対策なしには限度があり、意思決定や事務処理の遅れや生産量の低下等につながる恐れがある。

・生産を賃金の安い国に移す

　上記二つの手段が難しい場合は、実際に多くのメーカーが実施してきたように、工場などを賃金の安い国に移すことで、人件費を大幅に削減することができる。しかし、この方法は、生産部門には有効かもしれないが、事務部門には適用しにくい。また、移転した国の賃金も時間がたつと上昇するのではというリスクや、為替の変動リスク、そして日本国内の生産活動の空洞化といったような問題がある。

・ITの応用

　情報技術（IT）を積極的に活用することにより、一人あたりの事務処理量を大幅に増やしたり、生産工程を大幅に機械化して、工員を減らしたり、無人化することができる。このアプローチは、オフィス部門にも工場にも適用可能である。コンピュータの登場以来、先進諸国では、多くの企業によって採用されてきたアプローチである。インターネットが普及した今日では、後述するように、事務機能の一部をそっくり海外に移す（オフショアリング）といったことを行う企業も現れている。

第8章　効率性を改善するための経営情報システム

　以上の結果からも明らかなように、効率性を改善するためには、ITの活用が長期的かつ安定的に効果があることがわかる。事実コンピュータの登場後、比較的早い時期から、主としてアメリカの先進企業において、データ処理等のために、コンピュータが導入されてきた。本章の次節以降では、主として企業経営における効率性の改善のために、開発され、運用されるようになった経営情報システムについて、詳細に検討することにする。

8-2　登場初期のコンピュータと企業の経営者

　第6章で述べたように、実在したコンピュータの第一号は、1946年に登場した、真空管を用いたENIACというコンピュータであるというのが定説になっている。しかし、このコンピュータは軍事利用が中心で、当時一般にはあまり知られていなかったようである。その意味では、広く社会に知られるようになった民生用のコンピュータの第1号は、やはり真空管で作られた、1951年のUNIVAC－Ⅰだとも言われている。このコンピュータはアメリカの国勢調査局に、国勢調査の集計用として納入されたものだが、このコンピュータは、その年の大統領選挙の際に、当落予想をするテレビ番組にも登場して、評論家たちに勝ったそうである。

　当時の大企業の経営者たちの間では、コンピュータを自分の会社に導入しようという意欲はほとんど希薄だったようである。またコンピュータのメーカー側にしても、コンピュータがどんな仕事に役立つかについての十分なアイデアがなく、コンピュータの導入に向けて企業の経営者たちを説得するのに苦労したようである。意思決定のゴミ箱モデルの提唱者であるJ. G. マーチたちは、

　「解（ソリューション）は、問題が産み出したものというよりは、誰かが（問題とあまり関係なく）産み出したものである。コンピュータは、給料支払簿の管理上の問題で必要とされたときに発見された解というだけで

はない。それは、問題を積極的に探し求める一つの答えでもある」と述べている[1]。最初は、コンピュータのメーカー側が、コンピュータという強力な機械が事務処理上のどんな問題の解決に役立つかを、見つけなければならなかったのである。

企業の側には、増大する一方の事務処理の効率化を図り、事務のコストを引き下げたいというニーズはあった。一方、コンピュータメーカー側は、コンピュータの計算速度には自信があった。しかし、企業の事務部門での大量のデータ処理という問題を解決する手段として、コンピュータが役立つというアイデアはなかったのである。

登場直後の1950年代初期のコンピュータは、第6章で述べたように、
・非常に高価であった
　とにかく複雑な機械だったし、量産するほどの需要がなかった。
・計算速度が遅かった
　人間と比べると桁違いに速かったとはいえ、今から考えると、まだまだ遅かった。
・コンピュータは非常に大きく、かつ運用が大変だった
　真空管方式のコンピュータは図体が大きく、冷却装置が不可欠だったし、安定性が低かった、等々の理由で、運用が大変だった。
・プログラムが難しく、かつ面倒だった
　最初は機械語でしかプログラムが書けなかったし、ワイヤリング方式で与えねばならなかった。
といった具合で、当時のコンピュータは、ビジネスに役立つとはとても考えられなかったのである。

しかしそれでも、コンピュータメーカーや、少数の先進的な企業が、従業員たちの給与計算事務等のために、細々とコンピュータを利用し始めるようになった。とはいえ、少数ではあっても、コンピュータを事務用に利用する企業が出現し始めると、それを事例としてコンピュータメーカーは他の企業にコンピュータを売り込みやすくなる。こうして、先進的な大企

業のロワーマネジャーやミドルマネジャーたちの間に、大量のデータ処理という問題に対する解決手段としてのコンピュータの可能性が認識されるようになっていったのである。

8-3　企業における初期のコンピュータの利用形態

　初期のコンピュータは、前述のような特徴を持っていた。それゆえに、いち早くコンピュータを導入した先進的な企業は、次のような形で利用を進めていった。この形式は、1980年代になって16ビットのPCが登場するまで、基本的にはその後に導入した他のすべての企業においても踏襲された。今日でも、企業の基幹的な業務処理向けの経営情報システムに関しては、やはりこの形態が中心である。

　それは、**組織中心のコンピュータ利用**（organizational computing：OC）と表現できるであろう[2]。コンピュータは、1社に1セットとのみ納入されるというのが普通だった。そのコンピュータはまた、高性能の冷房装置完備の大きな部屋に設置される必要があった。

　システム・エンジニア（SE）とかプログラマといったコンピュータの専門家がまだほとんど存在しなかったから、導入予定の企業は、適性のありそうな従業員を何人か選抜して、事前にコンピュータメーカーやベンダー（販売会社）に送り込み、ハードウェアの運用からプログラミング言語まで、ゼロから教育してもらわなければならなかった。中には、メーカーやベンダーの社員を何人か、高給で引き抜くといった企業も当然あったことと思う。こうして確保した専門家や急造の技術者たちをすべて、コンピュータを管理するために創設された専門部門（以下本書では、このような組織を情報システム部門と呼ぶことにする）に集めたのである。そして、情報システム部門が全社的な観点から、コンピュータの活用を企画し、計画し、開発し、運用したのである。

このような形態でのコンピュータ利用には、いくつかのメリットがあった。第一に、そのような部門で実際に、以下に述べるような業務のためのプログラムを開発し運用することを通して、OJT（オンザジョブトレーニング）の場が生まれ、それにより、社内での専門家の養成が可能になった。第二に、情報システム部門があることによって、その後、コンピュータ科学や電子工学、数学、オペレーションズリサーチ（OR）、マネジメントサイエンス（MS）、等を勉強した大学や大学院の卒業生たちを、企業に惹きつけることにもなったのである。

デメリットもあった。コンピュータの専門部門に配属された従業員たちには、他の部署に異動するといった機会がほとんどなかった。また、営業や人事等、その他の部門から異動してくる社員も、技術的に難しかったために、ほとんどいなかった。そのために、情報システム部門のスタッフとその他の部門の従業員たちとの間に、ある種の壁ができてしまったのである。第9章で詳しく述べるが、両者の間にコミュニケーション・ギャップが生じ、それが深刻な問題になっていったのである。

8-4　初期のコンピュータの適用業務

初期のコンピュータの適用領域は、上述のコンピュータの性能上の限界やプログラミングの困難さといった、当時のITを取り巻く諸事情により、以下の特徴を備えた業務に限られた。

・定型的（構造的）である
　担当者が行うべき意思決定プロセスのすべてが厳密に定義されているような業務に対して、初期のコンピュータは適用された。このような業務では、意思決定すべき状況あるいはトリガー、選択の対象となるすべての代替案、必要とされる情報の種類、それらの情報に基づいた判断基準等が、

第8章 効率性を改善するための経営情報システム

事前に詳細に決められている。ゆえに、このような意思決定は比較的単純であり、プログラミング言語としては機械語しかなかったような時代においても、なんとかプログラミングが可能であった。したがって、コンピュータ処理が可能であった。

・反復的である

高価なコンピュータの購入や冷房完備のマシンルームの設置、そして手探りでのプログラムの開発等が理由で、業務処理向けの経営情報システムの開発には、高額の初期投資が必要であった。ゆえに、その初期費用を確実に回収できることを、情報システム部門のトップは経営陣に説得する必要があった。そのためには、開発したプログラムを繰り返し利用することができるような、反復して発生する業務処理が初期の対象になった。

・大量のデータ処理

同様の理由で、適用される業務では、処理すべきデータが大量である必要があった。さもなければ、少人数の事務職員で業務処理は可能だから、なにもコンピュータを導入すべき理由がないのである。大量なデータ処理であれば、これをコンピュータ処理に置き換えることにより、多くの事務職員を減らすことができ、その人件費削減分が初期投資の回収の確実な根拠となったからである。

こうした条件のすべてがあてはまる代表的な業務としては、以下のようなものがあつた。

・給与計算と小切手作成

米国の企業では、大部分の従業員への給料は週給制で、しかも以前は毎週小切手で各人に渡されていた。大企業になると、社員数は数十万人にも達するが、毎週、数十万人分の給与計算をして小切手を作成する必要があった。しかし計算手順は単純で、各社員一人一人に決められている時給額に、例えば先週1週間の延べ勤務時間数を掛け合わせて給料の総額を求め、それに税率をかけて得られた税額やその他の控除額を引く、というものであ

る。小切手の印刷は高速プリンターで比較的短時間で済ませられた。

・航空機や鉄道の指定席の予約

　座席の予約や指定席の確定は、航空会社や鉄道会社にとって、非常に重要な業務である。航空機の場合も列車の場合も、顧客の希望する便の座席を調べて、空き席があればその座席番号を消し込み、同時にその座席番号の指定券を発券するという業務のプロセスは単純である。以前はこの業務のすべてを、担当者たちが手作業で行っていた。回転木馬のように回転台上を回っている、日別の各列車や航空便毎の座席ファイルの冊子の中から、電話等で受けた予約申込書に従って、当該列車や航空便のファイルを素早く取り出して、空きを調べ、上記の処理をする。もしも空き席がなければ、満席の返事をする。終わったらそのファイルを再び回転台に戻し、次の予約処理を始める。ファイルが他の担当者に使われていれば、そのファイルが再び回転台に戻されるまでは、処理ができない。

　航空便や列車の本数が増えると、ファイルの冊数も増える。特に米国の航空旅客業界では、路線が急増し、機体も大きくなるにつれて、ファイルの冊数も厚さも急増した。その結果、担当者たちの業務は過酷になり、彼等が長時間続けてこの業務を行うと、神経が疲れ、能率が落ち、ミスも増える。手作業だけで処理し続けることは不可能な状態になり、コンピュータ処理に期待がかかったのである。日本では、東海道新幹線の開通に合わせて、本格的なコンピュータによる座席予約処理が始まったといわれている。

・見積書や請求書の作成

　内勤の営業担当者は、問い合わせを受けた商品および価格、注文数に基づいて見積書を作成し、成約となれば、納品書を作成することになる。そのための処理は単純で、それぞれの商品についての単価と注文数の積を足し合わせるという作業だけである。しかし、扱い品数や顧客数の多い大企業の場合、この作業を従業員が手作業で処理することは、非効率的であり、コンピュータ処理の対象業務の一つとなった。なお、見積の際には、顧客

の重要度や注文数に応じて、割引率に関しての微妙な判断が要求される場合があり、それについては、上司の判断を仰がねばならないかもしれない。

・大学の学籍管理

学生数が多くなると、履修登録処理や成績管理、成績データに基づいた卒業判定等、大学が処理すべきデータ量は確実に増加する。いずれの処理も、決められたルールに基づいた単純な処理ではあるが、それらは年度初めや年度末に集中して発生し、しかも比較的短期間で処理しなければならない。だから、事務担当者たちが手作業だけで処理するのは大変である。また、1科目、1単位の間違いが卒業と留年とを分けることになり、学生の運命を変えてしまう恐れがあるから、ミスは許されない。ゆえに、この業務も、早くからコンピュータ処理の対象になったものの一つであった。

・銀行の小切手処理

この事例については、後述する。

これらの業務は、上記の説明からも容易に理解できると思うが、いずれも定型的であり、反復的であり、しかも処理すべきデータは大量であった。したがって、これらの業務のための経営情報システムを導入することにより、人件費等のコストの明確な削減につながることは明らかであった。そのため、比較的早い時期からコンピュータに置き換えられたのである。

このようなタイプの経営情報システムは、TPS（transaction processing systems：**トランザクション処理システム**）と呼ばれた。トランザクションとは取引のことであるが、上述の事例のように、様々なビジネス上の取引に際して、何らかのデータ処理が必ず伴う。そうした、取引に伴って発生するデータ処理を行うという、システムの目的を強調するために、TPSという呼称が使われたのである。

同じく、このようなシステムは EDPS（electronic data processing systems：**電子的データ処理システム**）と呼ばれることもあった。この場合は、それまで人間によって処理されていた仕事が、電子的に、すなわち電子計

算機（コンピュータは当初日本ではこう呼ばれたりした）によって処理されるようになったことを強調する命名である。

あるいはまた、日本では、**基幹業務処理システム**、あるいは**業務系システム**とも呼ばれる。上述の事例のように、初期に開発され、運用されるようになった経営情報システムが対象とした業務はいずれも、それぞれの企業にとっては基幹的、あるいは大事な収入源ともいえる業務である。それらの業務を効率的に処理するためにコンピュータを導入したという事実を、この呼び方は強調している。

こうして始まった、主として先進的な大企業による、コンピュータでの事務処理が、なぜ比較的短い年月の間に、今日のように中小零細企業から個人経営の小売店に至るまでに普及したのだろうか。その理由を次に検討しよう。

8-5 効率性追求のためのTPSの普及理由：コンピュータ処理と人間による処理の損益分岐点分析

民間企業における比較的初期のコンピュータによる基幹業務処理システム（TPS）の事例の一つが、1960年代初頭の、バンク・オブ・アメリカ（カリフォルニア州の銀行）による小切手処理システムだといわれている。米国では早くから、企業も個人も、取引の決済は現金の代わりに小切手が使われていた。一つには安全性の理由があったのだろうと思われる。筆者も経験したことだが、アメリカでは、個人が銀行に口座を開設すると、日本での銀行通帳の代わりに、小切手帳が渡された。日常のスーパーマーケットでの買い物や、大学生協や書店での本や雑誌の購入、レストランやファストフード店での食事等の精算に際しては、現金での支払いではなく、小切手帳の小切手に支払先の店名、金額をその場で書き込み、それにサインをして渡すか、クレジットカードでというのが普通であった。小切手を受け取った店は、受け取った小切手を銀行に渡して処理してもらい、その金

額が自分の店の口座に入金されて初めて、現金を受け取ったことになる。

銀行にとっては、小切手処理をいかに速やかに、正確に、効率的に行うことができるかは、死活的な問題となる。アメリカの経済が拡大すると、必然的に銀行が処理すべき小切手の枚数も増加したのだが、小切手処理は直接収益を生み出すような業務ではない。

当時、経済が急拡大した地域の一つが、近郊がゴールドラッシュに沸いたカリフォルニア州のサンフランシスコ地域であった。そこを拠点としていたバンク・オブ・アメリカ銀行は、小切手処理のために、他行に先駆けてコンピュータを導入したのである。

バンク・オブ・アメリカ銀行は、なぜ高価な上に扱いにくかったコンピュータの導入を進めたのだろうか。この点について、W. S. デービスによる損益分岐点分析の考え方を用いた説明を応用するのが良いと思われる（図表8−1）[3]。

小切手処理を例にして説明しよう。人間が処理する場合、熟練者と未熟練者との間で若干の差はあるだろうが、一人の行員が一日に処理できる小

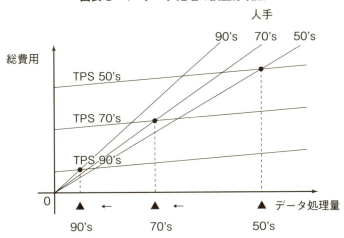

図表8−1　データ処理の損益分岐点

▲：損益分岐点データ処理量

切手の平均的な枚数は、ほぼ一定である。したがって、地域経済が発展し、銀行に持ち込まれる小切手の枚数が増えるにつれて、それに見合う処理量を維持するために、銀行は小切手処理の担当者を増やさざるを得なくなる。小切手処理に関わる人件費は、担当する人数にほぼ正比例して増大する。そして、20世紀後半には、時間当たりの賃金は上昇の一途であったから、小切手処理に関わる人件費は、人数の増加以上のペースで増大したのである。

コンピュータで処理する場合はどうであろう。1950年代初期には、コンピュータによる小切手処理システムを導入しようとする際の初期投資額（ハードウェアの購入やソフトウェアの開発等の費用）は、非常に高額であった。しかし、一度導入すると、コンピュータによる小切手処理システム（TPS）の処理能力は大きく、小切手枚数がかなり増大しても、処理費用はそれ程増加するわけではなかったのである。

第6章でも述べたように、ハードウェアの価格は一貫して低下したし、生産性の高いプログラミング言語も次々と登場してきた。その結果、ソフトウェアの開発費用は一貫して低下し続けた。つまり、TPSの場合のデータ処理の初期投資額は、年々低下したのである。図表8-1には、TPSの場合と手作業による場合のそれぞれについて、20年間隔で3本の直線が描かれている。仮想的なものではあるが、それらは時間の経過と共に変化した、TPSの場合と手作業の場合との処理費用の総額を表しているのである。

図表8-1からもわかるように、1950年代には、膨大なデータ処理量に直面していた比較的少数の大企業のみが、TPSの導入により、処理費用を軽減することができた。しかし大部分の企業にとっては、人間による手作業の方が安価であり、コンピュータの導入は効率性の改善にはつながらなかったのである。

しかし、例えば20年後には、TPSの初期費用は低下し、反面賃金は上がり続けたために、データ処理の損益分岐点データ量は左に移り、中規模

第8章 効率性を改善するための経営情報システム

程度のデータ量の企業にとっても、TPS の方が明らかに有利になったのである。1980 年代以降のパソコンの登場とその後の急速な高性能化と低価格化、インターネットの普及、そして、後述するような使い易くて安価なソフトウェアパッケージの充実により、損益分岐点はその後もさらに低下し続けた。この傾向は今日に至るまで続き、今や個人企業や商店でも、TPS によるデータ処理の方が効率的になったのである。

小切手処理の事例のように、定型的な業務については、今日ではほとんど TPS で処理可能になってきている。しかし、どの業務をコンピュータ処理に代え、どの業務を依然として人間に担当させるかは、最終的にはトップマネジメントの判断ということになる。最近でも、あえて TPS を導入しないという企業もあるかもしれない。サービス業では、フェース・トゥ・フェースの接客を重視するという企業も少なくないであろう。

ところで、図表8-2 に示されるように、TPS が最初に導入されたのは、マネジメント階層ではなく、業務担当者たちが働く現場、あるいは階層であった。業務担当者たちは常時、顧客や取引先企業の人たちと窓口で、あるいは電話やメール等でやりとりし、その場その場で問い合わせに答えたり、見積を示したり、実際にサービスを提供したりする必要がある。こう

図表8-2 TPS の導入された組織階層

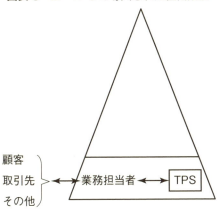

した窓口業務の効率化が進むと、サービスの質が向上して顧客満足度が高まるかもしれないし、一人の窓口担当者が処理できる業務量が増えるために、サービスの質を落とすことなく窓口の数を減らすことができるかもしれない。TPS の導入は、本章の冒頭で指摘したように、結局は業務担当者の数を減らすことにより、業務の効率性の大幅な改善に貢献できるのである。

8-6 経営情報システムの伝統的な開発手順(SDLC)

　TPS のような経営情報システムの開発は、伝統的には以下のような、システム開発のライフサイクル（system development life cycle：SDLC）モデルと呼ばれる、一連の手順で行われてきた。その概略は以下のようなものである[4]。

①計画フェーズ
　開発プロジェクトに対するビジネス上の要求を定義し、当該企業にとっての重要性を評価し、そしてそのプロジェクトが実際に実行可能か否かを裁定する。
②分析フェーズ
　ビジネスの観点から（技術の観点からではなく）、その情報システムは実際には何をすべきかについて分析し、要求定義文書を作成する。
③設計フェーズ
　要求定義文書の内容を実現させるための、技術的な構造やシステムモジュールをデザインする。
④開発フェーズ
　そのデザインに基づいてデータベースやプログラムを開発し、実際に動作する情報システムを開発する。

第8章　効率性を改善するための経営情報システム

⑤テストフェーズ

　それぞれのモジュールのプログラミングが終了する毎にテストが行われる。さらにすべてのモジュールが完成した後に、すべてのモジュールが結合された上で最終的なテストが行われる。

⑥実施フェーズ

　詳細なシステムのユーザーマニュアルを作成し、そのシステムのユーザーたちに利用のための訓練を施したりして、最終的には当該情報システムを業務のプロセスに組み入れる。

⑦メンテナンスフェーズ

　ユーザーのためのヘルプデスクを設けたり、システムを変更する必要性が発生した場合には、その変更を行う。

　それまでは従業員たちが行っていた業務を TPS に移し替えようとする場合、人間が担当してきた仕事の内容を徹底的に分析する。その上で、手続き通りに処理できない例外的な事態が発生したらどう対処するか（例外処理）について、あらゆる可能性を含めて決めていかなければならない。場合によっては業務の内容を思い切って変更したり廃止したりすることもある。

　SDLC では、①のフェーズが終了したら、その内容を文書化して②のフェーズに引き渡し、②のフェーズでは①の文書に基づいてさらなる分析をし、その結果をさらに文書化して③のフェーズへ、というように、以下⑦まで時間をかけて順番通りに進めていく。後戻りしないということが原則であり、あたかも滝の水が流れ落ちていくようだというので、このような開発の進め方は、ウォーターフォールモデル（waterfall model）と呼ばれる。文書（ドキュメント）がしっかり管理されていると、メンテナンスのフェーズにおいて大いに役に立つ。

　しかし、SDLC モデルには、時間がかかりすぎるという欠点がある。そのために、最近は、プロトタイピング型のプログラム開発手順が普及して

きている。システムの基本的な部分を作成し、それを実施に移してみて、問題が発生したならば、ただちに問題部分を手直ししたり機能を増やす。このように、プロトタイプの TPS を先ず運用してみて、随時改良し改善を重ねていこうというのである。

　SDLC の①の計画フェーズに近い方を上流工程と呼び、④のプログラミングや⑤のテストフェーズを下流工程と呼ぶ。それに応じて、コンピュータの専門家と呼ばれる職種も多岐にわたっている。例えば、システム・プランナーとかシステムズ・アナリスト、システムズ・エンジニア、プログラマ、オペレータ、等々である。さらに上級とか初級とかに分かれていて、最近はネットワークとかデータベースとかの専門領域別の職種、セキュリティー管理者等も現れてきた。このように、今日では IT 関係の専門家たちの肩書きは、非常に多様になっている。

8-7　MIS の導入方法

　最後に、企業がある特定業務の効率性を改善しようとして、TPS を導入しようと考えたときに、代替案として考慮できる TPS の導入方法自体が、非常に多様化してきていることにも触れておこう。前節で検討したように、コンピュータの登場当初は、銀行の小切手処理システムの事例でも紹介したように、TPS を導入しようとする企業は、ハードウェアを購入し、プログラマーを養成したり新たに雇用して、プログラムを自社開発し、実施やメンテナンスも自社で行うという形態が基本であった。そのために、初期費用が非常に高額になったのである。しかしその後、コンピュータを事務処理のために導入しようとする企業が増えるに従って、早い時期に導入した企業のシステム開発や運用に携わって経験を積んだ人たちが独立して起業し、以下のような様々な TPS のサービスを提供するようになった。概略を示すと、今日では以下のような方法が採用可能になっている。

第8章　効率性を改善するための経営情報システム

・伝統的な方法

　これまで見てきたように、導入企業がハードウェアをすべて購入し、プログラムを自社開発し、実施からメンテナンスまでのすべてを自前で行うというものである。

・プログラム開発の外注

　ハードウェアは自社で購入し、実施やメンテナンスフェーズも自社の従業員たちが行うが、特定業務向けのTPSのためのプログラムの開発は、ソフトウェア開発企業（ソフトハウスと呼ばれることがある）に外注するというものである。

・パッケージ購入

　特定業務向けのTPSの採用が広がってくると、多くの中小の潜在的な企業を対象に、基本的なソフトウェアとマニュアル等をパッケージ化して、比較的安価で販売するというビジネスが登場した。購入した企業は自社向けに一部修正（カスタマイズ）する必要があり、その費用は別途負担することになる。メンテナンスも別途契約するが、ハードウェアは自社で購入し、運用も自社で行うというものである。

・アウトソーシング（oursorcing）

　プログラム開発の外注と異なり、計画フェーズ以外の、開発から実施、メンテナンスのフェーズまでのほとんどすべてを外注する。導入企業は、当該TPSを業務で利用するために入出力装置（端末装置）を社内に設置してもらい、WANやインターネットを通してTPSを利用する。

・ASP（application service provider：アプリケーション・サービス・プロバイダー）

　インターネットを通して、必要なソフトウェアを必要な期間だけダウンロードして利用し、その期間分の利用料を、利用企業はプロバイダーに支払うという方法である。

・クラウドコンピューティングサービス（cloud computing service）

　データベース管理も含めてすべてのプログラムやハードウェアを外部の

企業のサービスに依存し、導入企業側は、パソコンやスマホ、ブラウザ等、インターネットへの接続環境だけを用意する。そして、利用量に応じて利用料金をプロバイダーに支払うのである。インターネットはしばしば雲の形に記号化されて描かれることから、こう呼ばれる。

・オフショアリング（off shoreing）

　インド等の海外の企業にソフトウェアの開発を外注したり、アウトソーシングする。インターネットの普及により、ハードウェアやソフトウェア、データベースがどこにあっても関係ないという時代になったためである。

　以上のように、今日では、様々な導入手段が選択可能になってきている。企業は予算に強く制約されることなく、TPSを導入できるようになった。さらに、これもインターネットの普及の結果ともいえるが、ビジネスプロセスアウトソーシング（business process outsourcing）といって、情報システムだけでなく、経理や営業など、いくつかの業務をそっくりアウトソーシングしてしまい、自社には、コアとなる業務のみを残し、それに専念するという企業も増えてきている。

　このように、企業はITをフル活用し、知恵を働かせて、効率性の向上に取り組んでいるのである。その結果は、業務処理の現場から人間がどんどん減っていくということである。

―― 注 ――――――――――――――――――――――――――
1) March, J.G., et. al. 遠田雄志他訳『組織におけるあいまいさと決定』有斐閣、1986年、p.32.
2) 一瀬益夫、「企業経営と情報リテラシー」、一瀬益夫編著『新訂3版現代情報リテラシー』同友館、2012年、pp.32-38.
3) Davis, W. S., Information Processing Systems, 2nd ed., Addison Wesley, 1981, p.37を参考にして作成。
4) Wallace, P., Information Systems in Organizations, Pearson, 2013, pp.348-358.／Haag, S., et als., Management Information Systems, 6th ed., Mc-Graw-Hill Irwin, 2007, pp.280-289.

第9章
有効性を高めるための経営情報システム

9-1 TPSとデータ

　前章で検討した効率性を改善するための経営情報システム（TPS）は、究極的には業務担当者数を極限にまで減らす方向に進むことになる。銀行のATM（automatic telling machine：現金自動入出金機）を例にして考えてみよう。

　ATMの出現以前には、自分の口座から現金を引き出そうと思ったら、我々は預金通帳と印鑑を持って、口座を開設した銀行や郵便局の最寄りの支店にまで行き、窓口に並ぶ必要があった。操作はすべて銀行の行員が手作業で行うために、1件1件の処理に時間がかかり、時には数時間待たされることもあった。反面、行員と預金者とがフェース・トゥ・フェースで向き合うために、顧客の素振りや字体などから、時には不審者を見つけることもできた。

　預金の引き出しでは、必要な情報は口座番号、本人確認のための印鑑と署名の字体、そして預金残高だけである。上記のような不審者の見張りを除けば、完全に定型的な意思決定である。今日では、口座番号はキャッシュカードの磁気データを読み取ることにより、得ることができる。本人確認は暗証番号の入力を求めることで行える。そして、次に入力された引き出し金額がデータベースに記録されている残高よりも低ければ、それで支払い可という意思決定ができ、ATMを管理しているプログラム（TPS）は、ATMに現金を払い出すようにという指示をすることになり、預金者に現

金が機械的に支払われる。このプロセスにおいて、銀行側の従業員の関与は一切不要である。

ATM の例からも明らかなように、効率性を追求すると、無人の窓口という姿が現れる。必要な操作は顧客に任せ、後は TPS が処理してくれる。その代わり、窓口担当者による不審者のチェックの機会がなくなり、振り込め詐欺等に悪用されるようなことにもなってしまった。

TPS は、時代と共に急速に進化を遂げた。例えば、以下のような点においてである。

①入力の高速化、省力化

第7章第2節でも述べたように、バーコードや無線 IC タグ等の発達と活用により、入出力の一層の高速化や、未熟練者の就業の促進、エラーの削減等につながり、省力化やコストの削減がさらに進んだ。

②入出力装置の遠隔化

ネットワークの発達により、第6章第4節で述べたように、経営情報システムはレベル3やレベル4の段階に到達した。ATM はその成果の一つである。

③バッチ処理からオンラインリアルタイム処理へ

ハードウェアとしてのデータベースやソフトウェアとしてのデータベース管理システムの発達により、データ処理も大量一括処理（**バッチ処理**）方式だけでなく、即時処理（**オンラインリアルタイム処理**）方式も可能になり、ATM でいつでもお金を下ろすことができるようになった。

④ビッグデータの活用

第6章第3節でも触れたように、スマホ等により自動的に収集される位置情報や、ソーシャルネットワーク上を駆け回る大量のメッセージ、そして IoT によりモノとモノとの間で交換されるデータ等、非構造化データの大量蓄積や処理の技術が発達してきた。

この結果、TPS が稼働するにつれて、データベースに蓄積されるデー

タの量や多様性が急速に増大してきた（図表9-1）。ATMのようなTPSが日常業務で用いられることにより、顧客や学生、取引先等との間の様々な取引に関するデータがすべて、TPSのデータベースに蓄積されていく。ATMでは、入出金記録や最新の残高データがその都度記録され、蓄積される。だからカードのみで現金を引き出してからしばらくして通帳に記入しても、正確にその間の記録が印字されることになる。

　このように、データベースに様々なデータが蓄積されていくと、個人データが大量に集まることになり、プライバシーの問題や個人情報の所有権の問題等が生じてくる。その結果日本でも、これら個人情報の保護の必要性が高まり、2005年4月1日に個人情報保護法が施行され、5千件以上の個人データを扱う企業や大学等は、個人データを漏洩したりすると、罰則を科されることになった。その後も徐々に規制は強まってきている。

　1960年代に入り、主としてアメリカの先進的な大企業の経営者たちは、TPSのデータベースに蓄積されたこのような大量のデータを、宝の山と考え始めるようになった。すなわち、単に顧客や取引先との間での取引処理だけに利用するのはもったいないのではないか、何か別の用途に活用できないのか、と考え始めたのである。TPSの導入や運用に大きな費用を投じている企業の経営者としては、当然のことである。そこから生まれてきたアイデアが、本章で検討するように、マネジャーたちの意思決定の有効性を高めるための経営情報システムを開発しよう、というものであった。

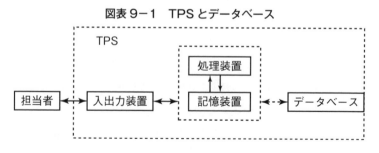

図表9-1　TPSとデータベース

9-2　有効性の追求

　有効性は、効率性の場合のように、数値で把握することは困難である。第5章第5節で検討したように、S. P. ロビンズたちは、**有効性**（effectiveness）を、正しいことを行うこと、あるいは、組織の目標を達成するために諸活動を完了させること、と定義している[1]。正しいという言葉には価値の問題が含まれていて、組織目標の根底にある価値観と、組織メンバーの一人一人の価値観との関係は、微妙かつ複雑であるが、本書ではそこには深く踏み込まないことにする。組織メンバーは皆、個人が大事にしている価値と組織が追求する価値との間で、何らかの折り合いをつけているはずだということにしておこう。

　企業経営における有効性は、
・目的は適切で正しいか、すなわち、顧客その他の利害関係者の満足の増進につながるか、
・その目的は達成できたか、あるいは達成しつつあるか、
の2点に関わるといえよう。

　有効性を高めることは、第5章で述べたように、トップマネジャー、ミドルマネジャー、そしてロワーマネジャーたちの役割である。しかし、トップマネジャーたちが設定する全社的な目標は、最終的には利益率とか、主要製品やサービスの市場占有率とか、株価等で評価されるにしても、しばしば抽象的で一般的な言葉で表現される場合が多い。あまり具体的だと、上述のように、従業員たちも含めた利害関係者たちの価値観と衝突する可能性が高まるからである。

　企業の行動が、顧客たちの満足を高めているか否かについては、ロワーマネジャーたちが最も敏感に感じ取ることができるのではないか。また、部門の年間計画がスケジュール通りに進行しているか否かを評価するのはミドルマネジャーたちの役割かもしれないが、それをよりタイムリーに把

握できるのは、ロワーマネジャーたちであろう。**PDCA**（plan-do-check-action）サイクル、すなわち、計画を策定し（plan）、実施に移し（do）、点検し（check）、そして必要ならば修正指示を出す（act）というサイクルを、実際に回す役割の多くも、ロワーマネジャーが担当するのである。階層が上がれば上がるほど、そこで回されるPDCAは長期的なサイクルになり勝ちである。鉄は熱いうちに打てで、問題が起こってから時間がたった後になって修正しようとしても、手遅れである場合が多いのである。

　コンピュータが登場する以前には、ロワーマネジャーたちは部下の一人一人の成果を正確に把握することなく、部下を監督したり管理したりせざるを得なかった。だから、部下からの報告を頼りに意思決定をせざるを得なかったのである。要するに、有効性に関する判断を、あるいはPDCAサイクルを回す役割を、正確な情報なしに行わざるを得なかったのである。

　1960年代の後半になって、米国の先進的な大企業では、上述のように、TPSにより収集され蓄積された大量のデータを用いて、ロワーマネジャーたちの日々の意思決定に役立つであろうような情報を提供するシステムを開発し、運用し始めた。TPSはどちらかというと、業務担当者の仕事をそっくり置き換えることを目的として構築されるシステムであったのに対して、これらのシステムは、正しくロワーマネジャーたちの意思決定を助けるための**経営情報の作成**を主目的とした経営情報システムと呼べるものであった。

　このタイプの情報システムは、業務の効率性の向上を目的とするというよりも、業務が正しい方向で進められているか、あるいは目標が確実に達成されそうかを知らせてくれる、すなわち、有効性を高めることを主目的とした経営情報システムなのである。こうした意味から、1960年代後半から開発され始めたこのタイプの情報システムに対して、初めて**経営情報システム**（management information systems：**MIS**）という名称がつけられたのである。

　なお、MISという用語は、すでに述べたように、企業で運用される情

報システムのすべてを指して用いられることがある。第7章で述べたように、本書では、このようなMISを広義のMISと呼ぶ。そして本章で説明するMISを、狭義のMISと呼ぶ。ただし、文脈上紛れが生じない場合は、本章で単にMISと記述すれば、それは狭義のMISを指すものと理解していただきたい。

9-3 狭義のMISの登場とその成果

　米国の先進的な大企業で、まったく新しい目的のために開発された、コンピュータベースの情報システムの導入が始まったという話題が、米国のビジネス雑誌等で取り上げられるようになった。それを読み、このままでは日本企業はますます米国企業に引き離されてしまうというので、1960年代末に、日本の大企業の社長たちが集団で米国へ視察に出かけたのであるが、その情報システムこそが、この狭義のMISである。その後1970年頃から、日本でもMISブームが到来した。

　狭義のMISは、1970年前後のITの性能によって制限されていただけでなく、第8章第3節でも言及したように、当時は組織中心のコンピュータ利用（OC）の形態の下で開発され、運用されていた（図表9-2）[2]。ゆえに、次のような特徴を持っていた。

①主としてロワーマネジャー向けのレポート作成

　レポート作成のために用いられるデータは、TPSによって収集され、データベースに蓄積されたデータであった。したがって、それらのデータを集計したり要約して作られる情報（レポート）は、業務管理を主たる役割とするロワーマネジャーに役立つものであり、ミドルマネジャーやトップマネジャー向けのものではなかった。

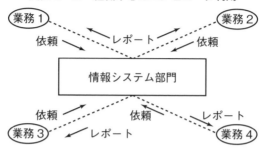

図表9-2 組織中心のコンピュータ利用

② 定型的なレポート作成

　プログラミングがまだ難しかったために、この頃はまだ、個々のマネジャーからの、アドホックでその場限りの緊急の情報要求に対応することは困難であった。そのために、定型的な、製品別とか、地域別、担当者（部下）別の、週毎に集計された販売額や販売数量、対前年同期比といったレポートを作成するシステムであった。

③ 定期的なレポート作成

　先週分のデータが翌週の始めに締め切られて、製品別、地域別、担当者別に集計され、印刷され、水曜日の午前中に届けられるというように、毎週一度といったサイクルで、定期的にシステムは運用された。したがって、月曜日の午後に欲しいとか、火曜日の朝に欲しい、というような、アドホックな要求には対応してもらえなかった。

④ 全マネジャーに同一の網羅的なレポート作成

　作成されるレポートは、個々のマネジャー向けに作成されるのではなく、全製品、全地域、あるいは全販売担当者を包含するもので、それが全マネジャーに提供された。そのレポートの中には確かに、それぞれのマネジャーが担当する製品や地域、部下の情報が含まれてはいた。しかし、ロワーマネジャーはその中から、知りたい部下の名前や製品番号、地域等、必要な部分を抜き出さねばならなかった。

　このようなレポート形式になったのは、図表9-2に示されるような、

組織中心のコンピュータ利用（OC）という、当時の利用形態が理由であった。OCの場合は、社内の情報ニーズはすべて、情報システム部門に集中する。そのために、情報システム部門は忙しく、個々のマネジャーの要求に別個に応えることができなかったのである。

　このような限界はあったものの、MISの効果は決して小さいものではなかった。ロワーマネジャーたちにとって、担当部門の状況を少しでも早く、正確に知ることができるということは、非常に価値があった。前述のように、MISの出現以前には、「今どうなっているか」という客観的な、数値に基づいた情報が、手に入らなかったからである。

　問題が発見できれば、その問題は半ば解決されたも同然といわれているように、問題が正確かつ速やかに発見できれば、ロワーマネジャーたちは、過去の経験に基づいて、ほとんどの問題を速やかに処理し、状況を深刻化させないようにできるだろう。ロワーマネジャーたちが担当する業務管理においては、目標がかなり限定的かつ具体的で、問題解決のための代替案も限られているからである。自分の手に余るような問題であれば、ただちに上司に相談すればよいし、またそうすべきである。

9-4　意思決定を支援する情報が備えるべき要件

　ロワーマネジャーやミドルマネジャー、そしてトップマネジャーたちの意思決定を支援する情報が備えるべき要件には、どのようなものがあるだろうか。多くの論者によって、様々な要件のリストが提示されている。例えばC. サミッシュは、文献をサーベイして、意思決定に関係する要件を16項目取り上げているが[3]、筆者は、特に以下の5項目が重要であると考えている。

①正確性（accuracy）
　情報は意思決定者が対象としている現実を正確に記述しているか。
②完全性（completeness）
　情報は意思決定者が対象とする現実の全領域をカバーしているか。
③利用可能性（usability）
　意思決定者が必要とするときに必要な情報を利用できるか。
④適切性（relevance）
　情報は意思決定者が知りたいと思っている将来の自然の状態と関わっているか。
⑤適時性（timeliness）
　情報は意思決定者が直面している意思決定対象に関するリアルタイムの現実を表しているか。

　良い例ではないが、あるコンビニ店舗である商品が万引きされると、その店舗の陳列棚に現在残っている当該商品の個数と、POSレジを通して把握されているデータベース上の個数とは一致しなくなる。データベース上のデータに基づいた情報は、ある意味で正確だが適時性に欠けることになる。

　これらの内の一つを過度に追求すると、時間や費用の制限により、他の要件が犠牲になる可能性が高い。それゆえに、各要件間の適切なバランスが必要となる。また、第5章の図表5-4に示されているように、ロワーマネジャーとトップマネジャーとでは、上記の各要件の重要度はそれぞれ異なるであろう。トップマネジャーへの情報の正確性を過度に要求すると、トップマネジャーに役に立ちそうな情報はあまり届かなくなってしまうかもしれない。正確性は、適切性や利用可能性等とトレードオフの関係（一方を強めると、他方は弱まるという関係）にあるからである。

　マネジャーたちが必要とする情報はまた、いくつかの機能に分類することができよう。それらには、次のようなものがある。

①安心感が得られる情報

自分が管理している業務がうまく進行していることを確認させ、安心させてくれる。

②現状情報や進捗情報

現在の状況や問題を、常に把握できるようにしてくれる。

③警告情報

潜在的な機会や問題の生起を予想させる兆候をいち早く知らせてくれる。

④計画情報

自社の主要な将来の動向や計画を部下たちに知らせることができる。

⑤社内の業績情報

当該部門や特定の個人の成果の指標といった、部門の健全度を知らせてくれる。

⑥社外情報

企業環境での様々な動きに関する動きや意見を知らせてくれる。

これらの情報を、上記の諸要件をできるだけ多く満たす形で入手できるようにすることが、MISの役割である。

9-5 MISに対する幻滅感

しかし、1970年代に入って、狭義のMISに対して、ロワーマネジャーたちの間に幻滅感が広がっていった。その理由は、以下のようなものであった。

①必要な情報だけを得るということができなかった

すでに述べたが、当時のコンピュータ利用は、図表9-2のように、組織中心（OC）であり、個々の管理者への個別対応は難しかった。最大公

約数的なぶ厚いレポートが提供され、その中から、各マネジャーは自分が必要とするデータを探し出し、場合によっては加工しなければならなかった。そのため、忙しいロワーマネジャー（意思決定者）には役立たず、いつしかあまり使われなくなってしまった。

② OC に伴う不可避的な MIS の根本的な欠点

　ロワーマネジャーは、自分で情報システムを開発したり運用したりすることができず、情報システム部門のスタッフにレポート作成を依頼せざるを得なかった。そのために、以下のような根本的な問題が発生した。

・コミュニケーション・ギャップ

　情報システム部門のスタッフたちの多くは理科系出身で、企業でのキャリアも情報システム部門に限られる場合が多かった。一方、ロワーマネジャーの多くは文系出身者であり、キャリアの大部分を販売や会計、人事等の業務を通して築いてきた。この両者の間には、考え方や発想法、馴染んでいる用語等にギャップができてしまい、日本語で話し合っても、細かいニュアンスがうまく伝わらないことがある。その結果、依頼した側は期待するレポートが中々手に入らないという不満が高まり、一方情報システム部門側には、依頼する側が欲しい情報をきちんと説明してくれないという不満が高まっていった。

・バックログ（受注残、待ちの状態）

　組織のすべての部門からの新規のレポート作成依頼が IS 部門に集中するため、どうしてもいくつかの依頼は待たされてしまう。最悪数年待たされるということもあった。

　このために、ロワーマネジャーたちは、必要な情報がただちに手に入らないとか、個々の意思決定者が欲しいと思う情報が手に入らないということになったのである。これは、OC の下では致し方ないとも考えられる。後述するが、必要な情報は、自分で必要なときに自由に取り出したり創ったりすることが望ましく、組織中心のコンピュータ利用から、後述する、

個人中心のコンピュータ利用（EUC：エンドユーザーコンピューティング）へと代えていく必要があつた。それは、パソコンが登場して初めて可能になった利用法である。

9-6　代表的な MIS

　狭義の MIS には、次のようなタイプがある。いずれも基本的にはロワーマネジャーへレポートを作成し、届けることが目的であった。

①要約報告書（サマリーレポート）
　上述したが、製品別、地域別、あるいは営業担当者別の、週次の売り上げ報告レポートのようなタイプである。その目的は、ロワーマネジャーが、担当している管理領域で仕事は順調に行われているか、計画はどこまで進捗したか、部下の中に仕事が大きく遅れている者はいないか、何か問題の兆候はないか、等々を知ることである。
　問題が発見されれば、適切な対応策を速やかに決定し、修正策を指示し、その結果を注視するという、PDCA サイクルを回すことになる。
②例外報告書：「例外による管理」に対応
　上述のように、要約報告書は大きなボリュームになりがちだった。そのためにロワーマネジャーに定期的に報告書が届けられると、その量の多さに彼らは流され、溺れてしまい、本当に重要な情報を見落としかねない。ロワーマネジャーが問題（例外的な事象や事柄の発生）をいち早く認知し、問題解決に速やかに取りかかれるようにするためには、情報量をできるだけ減らし、しかも問題を示唆する情報を確実に届けることのできる MIS の工夫と開発が必要となった。
　例外報告書（exeption report）は、例外による管理（management by exeption）の考え方に基づいているが、J. A. オブライエンによると、二

つのタイプがあるという[4]。一つは図表9-2に示されているように、ある指標（例えばある商品の週ごとの売上数量）について事前に標準値と、そこからの乖離の許容範囲（上限値と下限値）を設定しておく。そして、ある週の値が許容水準範囲にあれば、その週はマネジャーに報告しない。しかし、その範囲を超えて大きく変動した場合には、何か問題が発生しているかもしれないので、マネジャーに報告する、というものである。例えば、売り上げが標準より3割以上増えたり減ったりした週には、担当のマネジャーに報告する、というものである。

　ここで注意しなければならないことは、許容範囲を狭く取り過ぎると、頻繁に例外が発生してしまい、マネジャーたちは、次第に例外事例の発生というアラームに鈍感になってしまうことである。オオカミ少年の寓話と同じことになる。逆に許容範囲を広く取り過ぎると、今度は滅多にアラームが鳴らなくなってしまい、問題が深刻になって初めて知らされるということになる。このように、目的は管理者に流れる情報量を減らしつつ、対処すべき問題は確実に報告するというシステムであるが、問題点としては、標準の設定と例外の基準の設定が難しいということである。データと経験とが揃っていれば、統計学の知識（例えば、標準偏差の2倍の幅で上限値と下限値を設定すれば、例外の発生率は5パーセント程度ということになる）が役に立つかもしれない。

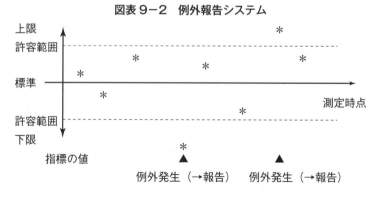

図表9-2　例外報告システム

第9章　有効性を高めるための経営情報システム

　例外報告システムのもう一つのタイプは、時間を追うのではなく、例えば多数の注文の中で、売掛金が一定額を超えた顧客だけを取り出してマネジャーに報告するとか、出張費の申請が特に多い社員を抜き出してマネジャーに報告するというようなものである。この場合も、どの金額に許容範囲を設定するかが問題となる。ただし、このケースでは、出張費の許容範囲はプラスの領域のみになり、図表9-2の標準から上半分ということになる。統計学での、両側検定と片側検定の違いのようなものである。
　第4章でも述べたが、想定外という言葉がある。東日本大震災とその後の福島原子力発電所の事故の後、しきりに聞かされた言葉である。想定範囲とは、例外管理における許容範囲のことではない。管理対象の指標は、図表9-2の許容範囲を大きく越えて変動するかもしれないので、マネジャーたちは事前に、その時の対策をしっかり準備しておくべきなのである。その際に、想定すべき変動の極限を想定範囲というのであり、普通は許容範囲をはるかに上回るはずのものである。
　想定外とは、それすら越える範囲ということで、とても起こりそうにない変動幅というか例外事象を指す。原子力発電所の安全基準は、津波についてならば、過去何百年とか何千年とかまで遡ってみても、事例が見つからないという程度の厳しい基準に設定すべきである。東日本大震災クラスの地震や津波は、過去にも実際に起こっていたのである。このように、想定外とは、都合良く決めると大変なことになる。原子力発電所のように、事故が起こったら悲惨な状態が想定できる場合は、許容水準はより狭く、そして想定範囲はより広く、と考えることが重要である[5]。

9-7　MISの現状

　狭義のMISは、ロワーマネジャーたちの間に不満感が蔓延したとすでに述べた。当時のITの水準や、情報システム部門主導のシステム開発等

が主たる理由であった。その後の急速なITの性能アップにより、MISにも様々に改良が加えられてきた。その結果、今日でも、企業における基本的な情報システムの一つとなっている。

今日における代表的なMISには、次のようなタイプがある

①要約報告書（サマリーレポート）（略）
②例外報告書：「例外による管理」に対応（略）
③グラフを多用する報告書
　以前は難しかったが、今日ではグラフ作成が容易になり、例えば、部下一人一人の担当商品別売り上げ比率を円グラフで示すことができる。ロワーマネジャーはグラフを一目見れば、部下の様子がわかり、必要な指導ができるだろう。
④アドホックな問い合わせ
　必要な時に、必要な事柄についてのみのレポートを作成してもらえると、便利である。例えば、顧客から商品が届いていないという苦情の電話があったとする。受注担当者や、彼あるいは彼女の上司は、その商品が現在物流ラインのどこにあるかを突き止めたり、その商品の過去1ヶ月間の生産量や在庫水準、受注残、等の様子をただちに知ることができれば、顧客のクレームに速やかに対応できる。その結果、顧客満足度を維持できるかもしれない。

　しかし、組織中心のコンピュータ利用である限りは、上述のような、コミュニケーション・ギャップやバックログの問題が完全には解決できない。そのためには、まったく異なったタイプのMISの構築が必要であった。

9-8　EUCの展開

　狭義のMISが不評を買った理由の一つには、ITの未発達ということが

第9章　有効性を高めるための経営情報システム

あったが、この点は、ムーアの法則でも触れたように、5年で10倍というITの進歩によって、次々とクリアされていった。しかし、意思決定者が自分で必要な情報を取り出したり、データを分析して情報を創ったりすることができないというもう一つの理由は、技術の進歩だけでは十分には解消できなかった。

　第1章や第2章で検討したように、意思決定者にとって真に役立つ情報は、意思決定者自身が定義するしかない。しかし、OCでは、コミュニケーション・ギャップのために、希望通りの情報が入手できるとは限らないし、可能ではあってもバックログのために、いつ入手できるかの保証はないのである。情報は、意思決定者自身が定義し、自分でITを駆使して入手しなければならないものなのである。

　コンピュータ業界では、エンドユーザーという用語がある。図表9-3が示すように、エンドユーザーとは、コンピュータを導入した企業の、情報システム部門以外にいるその他のマネジャーや業務担当者たちを指して用いられる言葉である。平たくいえば、ITの素人という意味である。

　ITメーカーやベンダー（販売会社）からコンピュータを購入する企業は、ユーザー企業と呼ばれる。自家用車を購入した個人はその車のユーザーと呼ばれるのと同じである。ところが、コンピュータを購入したユーザー企業において、実際にコンピュータを利用するのは、情報システム部門（図表9-3では略してIS部門と表記）にいる専門家たちである。情報システム部門にいる彼等あるいは彼女等が、社内のその他のITの素人である社

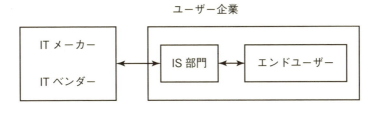

図表9-3　ユーザーとエンドユーザー

員から依頼され、情報システムを構築し、運用し、情報を提供する。メーカーやベンダーから見ると、そうしたユーザー企業の一般社員は、最終的なユーザーとか末端のユーザーといった意味で、**エンドユーザー**（end user）と呼ばれるのである。だから、本章での主人公であるマネジャーたち、すなわち意思決定者たちは、ほとんどすべて、エンドユーザーなのである。

しかし、狭義の MIS の限界を乗り越えるためには、こうしたエンドユーザーが自分で、IT を駆使して必要な情報を入手する必要がある。こうした状況を実現するための IT 利用の方式を、エンドユーザーコンピューティング（EUC）と呼ぶのである。

エンドユーザーコンピューティング（end user computing：**EUC**）の一般的な定義は、情報システム部門にいる専門家以外の組織メンバーの全員が、各自で IT を活用して、意思決定に必要な情報を取り出したり創造したりして、それを自分の意思決定で活用することである。今日では、Excel 等の表計算ソフトを用いて、ある商品の過去の売上データを分析し、来期の売上を予測したり、インターネットで資料の収集したりといった仕事を、社員の一人一人がパソコンを用いて行うというのが、代表的な EUC の事例である。

第 6 章で述べたように、1980 年代に入り、16 ビットのパソコン（PC）が登場してから、企業のコンピュータ利用の方式が大きく変化した。ゆえに、PC の登場をもってコンピュータの第 5 世代と呼ぶ人たちもいるのである。

PC の登場以前には、1 台のメインフレームと呼ばれる大型汎用コンピュータが企業に導入され、それを情報システム部門が独占的に利用していた。それが PC の登場以降、一人に 1 台の PC という時代になったのである。この背景には、PC の高機能化と低価格化の急速な進行、そして LAN やインターネット、イントラネット等のネットワークの普及があった。この両者の相乗効果により、企業のコンピュータ利用のあり方が革命

的に変わったのである。さらにスマホやタブレット PC 等も登場し、現在に至っているのである。

　PC の出現以前に EUC を実現することは、実に困難なことだった。メインフレームを前提にした EUC へのアプローチを、意思決定支援システム（DSS）と呼ぶが、以下に見るように、理想的な EUC にはほど遠かったのである。

9-9　意思決定支援システム（DSS）

　狭義の MIS は、ロワーマネジャーを主たる対象として構築された。ロワーマネジャーたちの意思決定はかなり構造的であり、そのため、定型的、定期的なレポートが、彼らの意思決定の有効性を高めるのに結構役立ったのである。しかし、ミドルマネジャーやトップマネジャーの意思決定には非構造的な要素が多く、定型的なレポートの貢献度はそれ程大きくはない。

　ミドルマネジャーやトップマネジャーの意思決定の有効性をどうしたら高めることができるか。その可能性を追求したのが 1970 年代後半になってアメリカの先進的な大企業で始まった、**意思決定支援システム**（decision support system：**DSS**）の開発であった。問題は、IT の素人であるマネジャー（エンドユーザー）たちに、情報システムをどうやって手軽に操作させることができるかである。そのためには、様々な対策が必要だった。

　DSS は、次の四つの基本的構成要素から構成されていた。

①対話管理システム

　意思決定者が自由に DSS を使いこなすためには、何よりもまず、彼等が DSS という情報システムに指示を与えたり、結果を見やすい形でいつでも取り出せる必要がある。意思決定者と DSS とのそうしたやりとりを容易にするのが、対話管理システムである。具体的には、意思決定者が分

析したいと思うデータやその分析のためのプログラムモデルを、データベース管理システムやモデルベース管理システムに伝え、それらから受け取ったデータとモデルを組み合わせて、実際にデータを処理し、その結果をディスプレイに表示したり印刷して、エンドユーザーに渡すという機能を持つシステムである。

対話管理システムは、エンドユーザーとDSSとのインターフェース、すなわち、両者の接点を司るシステムであり、そのためには**ユーザーフレンドリーなインターフェース**が不可欠である。それまではコマンド入力方式が主流であったが、それを、メニュー方式や、今日のようなグラフィカルユーザーインターフェース（GUI：マウスとアイコンで入力する）方式に変えたのである。

②データベース管理システム

各種のデータを保管し、必要に応じて必要なデータを取り出し、対話管理システムに渡すシステムである。

③モデルベース管理システム

各種統計処理モデル、計量経済モデル、グラフィックモデル、その他のデータ処理のためのプログラムを保管し、必要なプログラムを取り出し、そのプログラムを対話管理システムに渡すシステムである。

以上からも想像できることと思うが、DSSは非常に大きなプログラムの集まりであった。それゆえに、超大型のメインフレームコンピュータを数台導入しているような大企業は別として、一般的な企業にとっては、DSSの運用によって、その他の経営情報システムに負の影響を与えてしまったのである。

DSSが使われ出した当時は、基本的には1台のメインフレーム上で、TPSもMISも動いていた。そこにDSSという巨大なプログラムの塊のようなソフトウェアを動かすとどうなるか。第6章で紹介したように、タイムシェアリングシステム（TSS）は1台のメインフレームのCPU（中央処理装置）の性能を共有するシステムであるために、TPSやMISは、

第9章 有効性を高めるための経営情報システム

DSS と CPU の演算速度を奪い合うことになった（図表9-4を参照）。その上、1970年代末当時のコンピュータの性能は、今日よりもはるかに低かったために、DSS を動かすと、TPS の処理が遅れることになった。

TPS が相手にするのは、顧客や取引企業、その他の利害関係者たちである。ゆえに、TPS を遅延させることは、ただちに彼等の自社に対するイメージの悪化をもたらし、顧客満足度を引き下げることになる可能性が高いのである。

筆者のように旧式のセンター給湯方式の住宅に住んでいる読者にはご理解いただけることと思うが、冬期に、温水シャワーを浴びていると、突然温水が冷水に変わって飛び上がるという事態が時々起こる。理由は単純で、たまたま洗面所で別の家人が温水を使ったり、台所で食器洗いが始まったりしたためである。要するに、給湯能力が一定であり、しかも比較的小容量の温水しか供給できないから、一度にあちこちで温水を使うと、各所に十分な量の温水が供給されなくなるというのが理由である。

メインフレームに関しても同様である。DSS を動かすと、TPS の応答時間が長くなり、窓口の端末に情報が表示されるまでに時間がかかり、窓

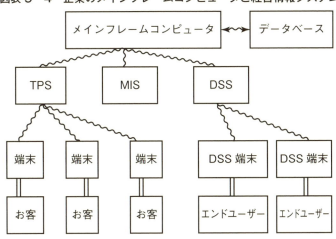

図表9-4　企業のメインフレームコンピュータと経営情報システム

口業務に支障がでる。その結果、顧客に不快な思いをさせることになる。これは企業にとっては大問題であるため、営業時間中は DSS を動かすなということになった。これでは管理者たちが、すなわち意思決定者たちが欲しいときに欲しい情報を入手できないことになり、DSS のそもそもの目的が達せられないのである。MIS は夜間に処理しても構わないが、DSS に関しては、マネジャーたちも勤務時間中に情報を入手したいのだから、役に立たないことになる。

　以上で見たように、企業の経営の有効性を高めるための経営情報システムとして、1960 年代後半に、ロワーマネジャー向けには狭義の MIS が導入された。ミドルマネジャーやトップマネジャー向けには DSS が 1970 年代後半に導入されたが、コンピュータの能力の限界等のために、十分な威力を発揮できなかった。結局は、1980 年代に入って 16 ビットのパソコンが登場して、エンドユーザーコンピューティングが本格的に展開されてから初めて、企業のあらゆる階層のマネジャー向けの、有効性を高めるための経営情報システムが利用可能になったといえよう。

9-10　PC ベースの EUC

　パソコンを前提とした EUC は、ネットワークでメインフレームにつながっているパソコンを、エンドユーザー個人が、自分の仕事に関わる意思決定のために、自発的かつ自主的に利用する形態を指している[6]。マルチメディアや使い易い各種ソフトウェアの登場、インターネットの普及、さらには多機能携帯端末（タブレット PC）や高機能携帯電話（スマホ）等の登場によって、現在の EUC の内容は、つい 10 年前には想像すらできなかったような広がりを持つようになってきているのである。

　EUC の基本は、文字どおりエンドユーザーによるコンピューティング、すなわち、エンドユーザーが主体的に IT を活用して、意思決定に必要な

第9章 有効性を高めるための経営情報システム

情報を自ら取得したり創造したりすることである。図表9-5に示されているように、EUCでは、エンドユーザーがパソコンやスマホ等、いわゆる端末装置と直接対話するのであり、原則として、両者の間には、OCの場合のように、情報システム部門の専門家という第三者が介入することはない。

　こうした形式でのITの利用が企業内部で広範に普及するためには、非常に使いやすい、高度にユーザーフレンドリなインターフェースがが不可欠である。前述のように、代表的なユーザーフレンドリなインターフェースの方式には、次のようなものがある。

①メニュー方式

　システム側でメニューを示してくれるので、我々はその中から適当な項目を次々と選択することにより、希望する処理を指示することができる。銀行のATM（現金自動入出金機）では、このメニュー方式が多用されている。

② GUI（graphical user interface）

　各種ソフトウェアを表す図形がディスプレイに表示されていて、ユーザーはマウス等を使って、希望する処理やファイルを指し示すことで、情

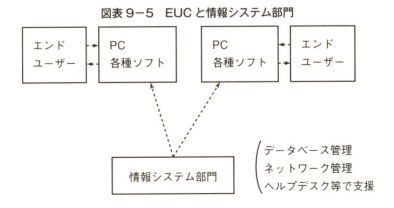

図表9-5　EUCと情報システム部門

報システムに指示を伝えるという方式である。今日の代表的なパソコンのオペレーティングシステムでは、ごくあたり前になっている。

　インターフェースに加えて、ワープロソフトや表計算ソフト、データベースソフト等、パソコン向けの使いやすくて高機能の各種ソフトウェアが市場に出回ったことも、EUCの急速な進展に貢献している。また、LANやWAN、インターネット等のデータ通信ネットワーク技術の発達により、多数のパソコンが互いにつながって、データやメッセージの交換が容易になったことも、この動きに拍車をかけた。

　OCでは主役を演じてきた情報システム部門が、EUCでは舞台での黒子に似た役割を演じることになる。エンドユーザーと直接に関係するのではなく、例えば全社的なデータベースやネットワーク環境の構築や運用、その保守などに責任を持ち、それらをエンドユーザーたちがいつでも確実に利用できるようにする形で、裏から間接的にエンドユーザーのコンピューティング活動を支援することが、情報システム部門に最も強く期待されているのである（図表9-5を参照）。

　EUCの長所と短所は、ある意味ではOCの長所と短所の裏返しでもある。以下、長所と短所を順に見ていこう。EUCの長所の多くは、第1章や第2章で検討した、意思決定の役割やプロセスそのものとの関係から生じている。

①意思決定者が求めている情報の入手が可能になる

　意思決定は五つのフェーズを順に、時には後戻りしたりしながら進んでいく、非常に複雑なプロセスである。そして、それぞれのフェーズでは異なった種類の情報が必要とされる。それぞれのフェーズでどのような情報を必要と考えるかは、意思決定者によって異なる。ゆえに、ある時点で、ある意思決定者がどんな情報を欲しがっているのかを、当該意思決定者の頭の中を覗き見ることのできない他の人間には、正確にわかるはずがないのである。EUCこそが、意思決定者が欲しいと思う情報を直接取り出せ

第9章　有効性を高めるための経営情報システム

るようにする手段を与えるのである。
②情報に基づく迅速な意思決定を可能にする
　社会は常に動いているために、経営者や管理者、業務担当者たちは、次から次へと新しい問題に直面し、その都度的確な意思決定を下すことを要求される。EUC により、意思決定者は知りたいときに知りたい情報を取り出せるようになるため、情報に基づいた意思決定を行える確率が高まる。
　反面、EUC にもいくつか短所が考えられる。以下にその代表的な短所を二つ取り上げて説明しよう。

①ハードウェアやソフトウェアが無秩序に導入される
　EUC では、社内の各部門や各階層にいる意思決定者たちが、必要に応じてハードウェアやソフトウェアを比較的自由に導入できるような組織も少なくない。その結果、お互いに接続しにくい機種や、保守の仕方が異なる機種が何種類も社内に導入される。また、セキュリティの弱いソフトウェアが多数導入されたり、データベースが重複して構築される等、全社的に見て整合性や統一性のない形で情報化が進展する危険性がある。
②セキュリティの確保が難しい
　EUC では、IT に関する十分な知識のないエンドユーザーが個別に情報システムを利用するために、あまり面倒な操作や約束事を前提にすると、利用されなくなってしまい、EUC 本来の良さが実現できない。しかし、だからといってそうしたルーズな管理を認めていると、組織全体のセキュリティ管理の面で脆弱な部分が生じる危険性が高まる。また、インターネットへの安易な接続により、コンピュータウイルスに感染する危険性も高まる。誰も気がつかないうちに会社の機密情報が外部に漏れたり、個人情報が盗まれたり、従業員の顔写真などがネットワーク上に流れ出したりするかもしれない。
　以上見てきたように、EUC は、意思決定者が様々な問題や機会に直面したときに、問題を解決したり機会を活かしたりする方法を考え出せるよ

うに支援するという役割が期待されている。換言すると、組織のすべての意思決定者から創造性を引き出す助けをすることであり、そのことにより、組織全体の有効性（適切な目的をきちんと達成することができるかの指標）を高めることが、EUCの役割なのである。

　こうしたEUCの環境に対応できるように、大学生は卒業するまでに、基本的なパソコンの操作法にはしっかり慣れておかなければならない。さらに、ワープロソフト、表計算ソフト、ブラウザーソフト、プレゼンテーションソフト等、基本的なソフトウェアの使用法についても、しっかり習得しておく必要がある。その上で、統計学の基礎知識も学んでおかなければならない。OCの場合と異なり、EUCでは、社員の一人一人が自分でITを活用できなければ、仕事にならないからである。

―― 注 ――

1) Robbins, S. P., Fundamentals of Management, 8th ed., 2013, Pearson, p.6.
2) 一瀬益夫、「第2章 企業経営と情報リテラシー」、一瀬益夫編著『新訂3版 現代情報リテラシー』同友館、2012年、pp.32-38.
3) Samitsch, C., Data Quality and its Impacts on Decision-Making, Springer, 2015, p.23.
4) O'Brien, J. A. Introduction to Information Systems, McGraw-Hill Irwin, 2005, p.298.
5) 一瀬益夫、前掲書、pp.39-44.
6) 柳田邦男『「想定外」の罠』文春文庫、2014年、で、様々な事例を知ることができる．

第10章
戦略性を高めるための経営情報システム

　戦略性を高めるための情報システムには、大別して次の二つがある。一つはトップマネジャーの意思決定、すなわち、戦略的な意思決定を支援するための経営情報システムである。この目的での経営情報システムは一般に、経営者向け情報システムあるいは上級経営者向け情報システム（executive information systems：EIS）と呼ばれる。

　もう一つは、戦略的な武器としての経営情報システムで、これは戦略情報システム（strategic information systems：SIS）と呼ばれる。本章では、この二つの経営情報システムについて検討する。最後に、TPS、MIS、そしてEISやSISから構成される組織の経営情報システムの体系を整理して、本書のまとめとしたい。

10-1　戦略的意思決定と情報収集

　戦略とは、第5章で説明したように、トップマネジャーたちが担当すべき重要な意思決定の成果の一つである。S. P. ロビンズたちは、戦略とは、組織がそのビジネスにおいて意図することを如何に行うか、競争に如何に勝ち残るか、そしてその目標を達成するために顧客たちをどう惹きつけるか、に関する計画であると定義している[1]。

　伊丹敬之は、より詳細に、戦略とは、事業活動の基本設計図であるとして、「市場の中の組織の活動の長期的な基本設計図」のことであると定義している[2]。そして、この定義には、五つの、良い戦略が備えるべき本質

が含意されているとしている。以下にその五つの本質を、要約して示しておこう。

・「市場の中の」

戦略のよし悪しは、あくまで市場の中で判定される。戦略は、顧客のニーズ、競争相手の動向、そうした市場の状況をしっかりにらんだ上での基本方針でなければならない。

・「組織の」

戦略が人間集団を率いるための構想であり、心も知恵も感情もある人間のベクトルを合わせ、奮い立たせられる力がなければならない。

・「活動」

戦略は実行可能なアクションの構想でなければならず、実行できるだけの資源の裏付けがなされている必要がある。

・「長期的」

長い時間的視野を見すえた構想が必要である。短期のその場しのぎの構想では、とても良い戦略とはいえない。

・「基本設計図」

「基本」とは、大きな構想を語るのが戦略であり、ディテールを設計することではないことを意味する。設計するとは、「こうなりたい」という意図や夢を込めた構想をすることを意味する。

こうした戦略を策定するための意思決定では、トップマネジャーたちは、組織を取り巻く外部環境と、組織の内部環境に関する様々な情報を必要とする。そのような情報を、トップマネジャー自身が個人的な人脈を通して、直接収集することがある。業界団体や財界団体等での活動に参加したり、取引先企業のトップやその他の重要な利害関係者たちと、休日にゴルフを楽しみながら、その場での雑談の一言一言に耳を傾け、ニュアンスを聞き取るといった情報収集がこの例である。時々社内の現場をトップマネジャーが回ることにより、社内環境の雰囲気を直接感じ取ろうとするのも、

そうした情報収集活動の一つである。

　しかし、トップマネジャーたちは、情報収集にそれ程多くの時間を割くことができないであろう。H. ミンツバーグが指摘しているように、マネジャーは、毎日非常に多くの仕事をこなしているからである[3]。したがって、第5章で説明したように、部下から上がってくる報告といった形の情報が、非常に重要な源泉となる。業務担当者たちは、業務を通して社外の様々な関係者と接触し、その過程で各種の情報に触れる機会が多い。そうした情報の多くはその場で処理され忘れられるであろうが、例外的な情報のいくつかは、彼らの上司のロワーマネジャーに報告されるであろう。

　報告されたり相談を受けたロワーマネジャーは、ただちにそれらに対応するが、彼等が重要だと判断した情報に関しては、社外に張り巡らせているロワーマネジャー独自のルートで、補足的な情報を収集し、分析する。その上で、上司に上げた方が良さそうだと判断した事柄や事案については、ミドルマネジャーに報告される。ミドルマネジャーのところでも、上記のプロセスが反復される。すなわち、ミドルマネジャーが重要だと判断した事案は、トップマネジャーに報告されることになる。

　このように、組織においては、水平的な分業により社外の様々な利害関係者たちの動向が把握され、それらの情報が垂直的分業を通して下から徐々に集約され、濾過され、判断が加味されて、上に報告されていく。最終的に残された重要度の高い社外情報が、トップマネジャーに届けられる。届けられる情報は、社外環境に関する360度の広範な情報が含まれている可能性が高い。その意味で、水平的な分業と垂直的な分業によって構成される、組織の社外情報収集のメカニズムは、かなりの有効性を持っているといえよう。

　反面、現場の業務担当者からトップマネジャーに達する報告経路上にいる、業務担当者やロワーマネジャー、そしてミドルマネジャーの誰かの目的意識や問題意識にズレがあると、せっかくキャッチされた情報も、そこで無視され、捨てられてしまう危険性がある。組織階層が下がるにつれて、

第10章　戦略性を高めるための経営情報システム

トップマネジメントの目的意識が十分に共有されていない可能性が高いからである。また、ロワーマネジャーや業務担当者たちの担当分野は狭く限定されているために、分野間に隙間ができ、抜け落ちる部分が生ずる危険性が十分にあり得るのである。しかも、都合の悪い情報は上に報告したがらないという心理も、彼らには働くのである。

このために、上記のような危険性を排除するために、トップマネジャーが直接利用できる経営情報システムを開発・運用しようという試みがなされてきたのである。

10-2　経営者向け情報システム（EIS）

経営者向け情報システム（executive information systems：EIS）は、広義のMISの中では新しく登場した情報システムの一つであり、1990年代に入って普及し始めたシステムである。第9章第7節のMISの現状のところでも紹介したが、狭義のMISは、ITの発達と歩調を合わせて急速に発展してきた。特に、グラフを多用する報告書や、アドホックな問い合わせに速やかに対応した報告書を作成するシステムは、EISとほとんど変わりがないかもしれない。

1970年代にアメリカの先進的な企業で利用され始めたDSSや、1980年代に入って、16ビットのパソコンが登場すると共に普及していったエンドユーザーコンピューティング（EUC）は、ミドルマネジャーたちには有効であったが、トップマネジャーたちが直接それらのシステムを利用することはなかった。そのために、EISは、忙しい上に、コンピュータについてはほとんど利用経験のない比較的年配のトップマネジャーでも操作できるように、一層使いやすいものでなければならなかった。

それゆえに、EISのインターフェースとしては、キーボードやマウス等を使わなくてもよい、タッチスクリーンのような入力方式が採用された。

また出力方式も、できるだけ見やすく、なおかつ要点が一目でわかる、カラーグラフィックスを何枚も表示可能な大画面ディスプレーが用いられた。

　しかも、トップマネジャーたちが知りたいときにすぐに利用できるように、事前に専属のスタッフが、その時点で懸案になっているいくつかのテーマ（機会の場合もあるし、脅威の場合もあるだろう）について、様々な視点から検討、分析し、多様なグラフや資料を用意しておくのである。その代表的なテーマの一つが、**重要成功要因**、あるいは**クリティカル・サクセス・ファクター**（critical success factors：**CSF**）と呼ばれるものである[4]。

　CSFとは、組織の戦略的な目標を達成する上で決定的に重要な要因のことであり、トップマネジャーが当然注意を払わなければならない情報なのである。しかし、CSFについては、トップマネジャーだけでなく、ミドルマネジャーやロワーマネジャーも注目すべき要因である。その意味では、上述のように、最新の発達したMISとEISとで、目的に大きな違いがあるわけではなく、口の悪い人たちは、everyone's information systems（皆の情報システム）と呼んだりするという。大きな違いは、経営者向け情報システムでは、より多数のスタッフが裏で支援しているという点である。

　トップマネジャーたちは、一つのCSFに関して、それぞれの視点からより深く分析したいと思うかもしれない。例えば、会社全体の年度毎の売上高の推移をグラフで確認し、2015年度に売上が大きく伸びたことが確認されたとする。すると、次に、あるトップマネジャーは2015年度に大きく売上を伸ばしたのはどの地域かを知りたいと思うかもしれない。別のトップマネジャーは、どの製品が売上を伸ばし、どの商品が減らしたかを知りたいと思うだろう。そうした様々な関心に応じて、彼等の好みに従って、円グラフや棒グラフでただちにディスプレイに表示できるようにする必要がある。時には、地域別に表示した上で、ある地域の商品別の円グラフを見たいと思うかもしれない。このように、集約度を逆に減らしていく

分析方法を、掘り下げ、あるいはドリルダウン（drill down）と呼ぶ。EISでは、トップマネジャーの関心に従って、様々な順序で、様々な深度までのドリルダウンが簡単にできるようにする必要がある。トップマネジャーの中には、かなり詳細な取引記録を確認したいと望む人もいるかもしれないから、最終的には、データのレベルにまでドリルダウンできなければならないだろう。いくつかのCSFについて、こうしたことが簡単にできるようにしたシステムがEISなのである。

以上で概観したEISの場合、元になるデータは、第8章で検討したように、TPSあるいは基幹業務処理システムを通して収集され、データベースに蓄積されているデータである。第2章でビジネスインテリジェンス（BI）について触れたが、BIは、戦略的な意思決定を支援するための、顧客や競争相手、供給業者、ビジネスパートナー、等に関する情報の集積あるいは束を意味する。データベースは、正にデータが集まった宝の山であり、EISは、この宝の山からBIという宝石を掘り出すための経営情報システムなのである。そのために、統計学のテクニックを駆使したデータ・マイニング（data mining）といった手法も用いられている。

10-3 機会や問題の発見と経営情報システム

EISは、トップマネジャーに報告されてきた様々な情報の真偽を確認する上で、非常に有効なシステムである。トップマネジャーには組織のあらゆる部門から様々な情報が上げられてくるが、そうした情報が伝える中身は、必ずしも同一ではない。ある部門から上げられてきた情報では、商品Aは強い競争力を有していることが示されている。別の部門から届けられた情報は、競合企業が新製品を低価格で投入してきたために、商品Aは急速に競争力を失っていることを伝えている。このように、異なる内容の情報が複数届けられた場合、トップマネジャーは戦略的意思決定におい

て、どちらの情報が正しいかを最終的に判定しなければならない。

こうした場合、さらなる分析をミドルマネジャーに指示することもあるし、EIS を用いてトップマネジャー自らが分析することもある。社外の情報源を活用して新たな情報を収集しようとするかもしれない。インターネットの普及により、比較的容易に社外の情報源をサーチして、補足的な情報を集めることが可能になっている。しかし、既述したように、インターネットで収集可能な情報は、真偽の保証がない。その場合は、複数の専門領域のスタッフたちに、情報の確からしさを慎重に判断させる必要がある。

人工知能（artificial intelligence：AI）の性能が最近急速に伸びてきている。チェスの試合ではかなり前から、人間は AI に勝てなくなっていた。そして、将棋でもプロの高段者が AI に負けるようになってきた。そして遂に、囲碁の世界的なプロが AI に負けるという事態になってきた。

このような AI を企業が EIS に活用しないはずがない。AI がインターネットで収集した外部環境情報の真偽や CSF への含意を分析し、その分析結果と、EIS の情報とを組み合わせてさらに分析し、トップマネジャーたちが会議している部屋のスクリーンにグラフやチャートで表示するといったことが、可能になりつつある。このようなシステムは、デジタル・ダッシュボード（digital dashboard）と呼ばれる。

このように、トップマネジャーには、社内の報告−指示のチャネルを通しての報告情報、EIS やデジタル・ダッシュボード等を使っての情報、そしてトップマネジメントが自ら収集する情報と、様々なタイプの情報が届けられる。そのために、トップマネジャーはしばしば、情報洪水と呼ばれるような状況に追い込まれ、企業にとって重要な情報を見落としてしまうという危険性がかえって高まる。本来は、意思決定の垂直的分業や EIS は、情報洪水への防波堤としての役目を持つはずなのだが、意思決定者は、少しでも多くの情報を求めてしまう傾向が強いのである。

大量に流れ込む情報の中から、企業にとっての新奇の機会や問題の兆候をかぎ取るためには、結局はトップマネジャーたちの、「予期せぬできご

とを偶然発見する観察力や認識力、洞察力」が重要な能力となる。海老澤栄一は、これをセレンディピティと定義している。すなわち、マネジャーたちの観察力や洞察力のようなある種のひらめきやものごとへの強い関心が作用するというのである[5]。本書の第3章でも論じたように、問題の発見や機会の発見に際しては、意思決定者の価値基準に基づいた問題意識や目的意識が大きな役割を演じている。このことは、トップマネジャーに限ったことではなく、従業員のすべてについて同様である。その意味で、トップマネジメントが策定した戦略は、組織の全メンバーに共有されることが望ましい。そうなれば、トップマネジャーに上がってくる報告情報は、より精緻化され、選別され、量も減る可能性がある。ゆえに、伊丹敬之が指摘しているように、戦略は、従業員たちに共有されるだけの魅力があり、説得力もあるものでなければならないのである。

　上述のように、最近のAIの進歩にはめざましいものがあるが、では、AIが戦略の策定までできるのだろうか。戦略には、トップマネジャーたちが実現したいと望む夢がその根底にある。それではAIに夢が描けるかということであるが、筆者は、それは当分は無理ではないかと思う。AIに戦略を立てさせると、案外「何もしない」という案が提示されるのではないか。

10-4　戦略的な武器としてのSIS

　戦略性を主たる目的とした経営情報システムのもう一つのタイプは、**戦略情報システム**（strategic information systems：SIS）と呼ばれるものである。一般的な定義は、企業の競争優位を支援するための経営情報システム、である。SISという用語は、1980年代中頃に、当時バブル経済のまっただ中にあった日本で使われ始めたという説がある。

　SISの代表的な事例としてしばしば取り上げられるのは、アメリカエ

アライン（AA）社の **SABRE**（セーバー）システムという、**コンピュータ予約システム**（computerized reservation system：CRS）である。AA社は、最初は自社航空便の座席予約と運航管理のために、SABREを開発した。しかし、データベース技術やネットワーク技術が発達するにつれて、AA社はSABREに、他社便や提携レンタカー会社、主要都市の主要ホテル、主要レストラン、大劇場等の予約データも蓄積し、航空座席の予約と同時に、ホテルやレンタカー等の予約もできるようにした。すなわち、旅行のワンストップサービスを可能にしたのである。忙しいビジネスパーソンは、それ以前には、航空会社やホテル、レンタカー会社等に、別々に電話をして予約しなければならなかった。SABREにより、出張の準備が非常に楽になり、彼等に大いに喜ばれたのである。

AA社は、WAN（ワイドエリアネットワーク）を構築して、SABREシステムの端末を、全米各地の主要旅行代理店の店頭に設置し始めた。この端末を設置した旅行代理店には、ワンストップサービスの便利さを求めて、地域の顧客が集中するようになった。SABREは当初は、他の航空会社の便よりもAAの便を優先的に販売した（後にこの優先販売に関しては、公平な競争を妨げるということで、法律で禁止された）。この結果、AA社は、以下のようなめざましい成果を上げた。

①全米の航空旅客扱い数において、アメリカンエアライン社の占めるシェアが大きく増加した。これは、既存ビジネスの拡大である。
②全米各地の旅行代理店が、SABRE端末の設置を希望するようになった。AA社は設置先旅行社から、AAの利用料金を徴収していたため、設置台数が増加するのに伴って、利用料収入が急増した。これは、ある意味で新規ビジネスの成功といえよう。
③AA社と同じく、ライバル社のユナイテッドエアライン（UA）社も同様のコンピュータ予約システムを開発し、追随した。一方、それまでは世界で最大の航空会社であつたパンアメリカン（PAN-AM）社は、同

第10章 戦略性を高めるための経営情報システム

様のシステムの導入に後れをとった。そのこともあって、しばらくしてパンアメリカン社は倒産に追い込まれた。

このような経過を見て、欧米や日本の大企業の経営者たちは、競争戦略を策定する際に、ITを無視することは危険であることに気がついたのである。折しもバブル経済にあった日本では、企業の投資熱が高かったこともあり、SISブームが巻き起こった。しかし、1990年代初頭にバブルが崩壊すると共に、そのブームは鎮火した。その後は、以下で見るように、我が国の企業でも、より着実なSISへの取り組みがなされるようになった。

上述のAA社のSABREのケースは、結果としてそれが戦略的に強力な武器であったことが判明したのであって、最初からAA社のトップマネジメントがそのことを意図して開発し始めたのではなかった。他にもいくつかSISの事例として取り上げられたケースはあったが、いずれも業務の効率化を目的に開発されたものであった。また、SISとして注目されるようなシステムの多くは、ただちに他社によって模倣されるため、持続的な競争優位の基盤とはなりにくいのである。AA社に続いて、UA社もまたコンピュータ予約システムを導入したことからも、容易に理解できるであろう。

SISに関する今日の認識では、新製品や新サービス、その他のケイパビリティーを開発するためには、最先端のITを効果的に用いた経営情報システムが不可欠であり、そうした経営情報システムなしには、企業間の競争に生き残れない、というものである。筆者がインタビューした、我が国の先進的な大企業の一つのCIOは、「我々は、水位が常に上昇し続けている湖の中に、ITを杭にして基盤を造成し、そこでビジネスを展開しているようなものだ。最新のITを採用して杭を伸ばし続けていないと、我々のビジネス基盤は水没してしまう」と説明した。この話を、第6章の図表6-1と照らし合わせて読むとわかりやすいであろう。SISは、攻撃的な武器というよりも、今日では防御的な武器と考えた方が良いのかもしれない。生き残るためには、最新のITを採用して、防衛的なSISという武器を開

発し続けなければならないのである。そして、IT は日に日に進歩し続けているのである。以下では、今日における IT、特にインターネットの役割と、それを前提とした SIS のいくつかの形態について検討する。

10-5　インターネットのビジネスへの本質的な影響

　今日の戦略的な武器としての SIS は、インターネットを無視しては語れない。インターネットは、第 6 章でも述べたように、1970 年代初期にアメリカの国防総省中心に研究され、開発されたネットワークであり、ずっとアメリカの軍や軍需関係の企業、研究機関等でのみ利用されてきた。それが 1995 年頃に、民間企業や大学等でも利用できるように開放され、その後あっという間に、世界中に普及し、今日に至っている。インターネット技術をベースにした、より安価でオープンな、電子的なデータ交換が普及し、小規模な企業や個人でも、まったく新しいビジネスモデルを構想し、実現できるようになったのである。

　インターネットという技術の威力は、その情報の伝達能力の特徴にあるといえよう。情報伝達、あるいはコミュニケーションの技術は、古くから様々なものが登場してきた。例えば、トーキング・ドラム[6]とか、のろし、文字や言葉、活版印刷、郵便、電信や電話等である。しかしそれらのいずれもが、以下に見るような限界を持っていた。そして、その限界を乗り越える技術がインターネットなのである。

　上記のインターネットを除くすべての通信やコミュニケーションの技術には、コミュニケーションやマーケティングの領域で古くからいわれているように、情報伝達におけるリーチとリッチネスのトレードオフという問題が内包されている。コミュニケーションのリーチとは、到達範囲のことであり、個人あるいは組織が情報を伝達したり情報交換を行う際の相手人数を意味する。一度に多くの相手に何かを伝えることのできるコミュニ

ケーション技術やメディアは、リーチが長いということになる。一方のリッチネスとは、伝達される内容の豊富さとか濃密さ、詳細さ、情報の質（正確さや新しさ）等のレベルを意味する。数字、文章、写真、動画、マルチメディア、そしてフェース・トゥー・フェースの面談と、コミュニケーションのリッチネスは順に高まることになる。

　リーチとリッチネスのトレードオフとは、リーチを伸ばそうとすると、リッチネスが低下し、リッチネスを高めようとするとリーチが減少するという関係を意味する。コミュニケーションにおけるリーチとリッチネスのトレードオフとは、一度に多数の人たちに情報やメッセージを伝えようとすると、少数を相手にする場合よりも情報やメッセージの内容は希薄になってしまうということである（図表10-1）。

　新聞やテレビ等の伝統的なマスメディアを用いる場合、できるだけ短いコピーで新しい製品やサービスの訴求ポイントを表現し（リッチネスを押さえて）、そこに人気タレント等をイメージキャラクターとして配置して、多数の読者や視聴者たちに訴えよう（リーチを伸ばそう）とする。あれこれと詳しく説明すると、かえって読者や視聴者の多くに無視されてしまう。

　大学の授業の場合も同様である。200人とか300人の受講生（大きなリー

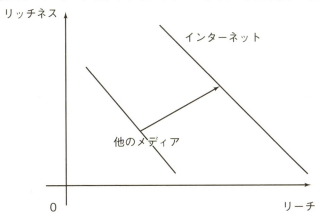

図表10-1　リーチとリッチネスのトレードオフ（同じ費用の場合）

チ）を相手に大教室で講義をする場合と、ゼミナールのように 15 人前後の履修者を対象に（小さなリーチの）講義をする場合とでは、伝達できる内容や詳細さには違いが出る。前者では一方通行の講義にならざるを得ないのに対して、ゼミナールのような少人数授業では、双方向型であるために、全員参加型の講義が可能になる。この授業形式では、学生たちはリアルタイムで理解できない点を質問し確認できる。教員側も、学生たちの表情を見ながら授業を進められるので、グループディスカッション等の内容から、本当に学生たちは理解できているかどうかを確認できる。必要ならば、別の事例を追加したり討論テーマを出したりして、理解を深めさせる（リッチネスを高める）ことができる。

　インターネットの WWW（world wide web：ワールドワイドウェブ）という技術を用いると、例えば企業は、テレビや新聞等のマスコミを使ってかなり派手な演出をして、多くの人たちを自社のトップページに集める。トップページには、いくつかの主力商品名を載せておく。どれかの商品に興味を持った人は、マウスを使ってポインターをその商品名に移し、そこでクリックすることで、その商品のより詳しい情報が示されているページが現れる。さらにより詳しい情報を欲しい人は、そのページの関連するキーワードを探し、クリックすれば良い。同様に、大規模授業でも、インターネットを利用することによって、理解度の確認やさらなる教材の提供が可能になる。どちらの場合も、対象となる利用者数の上限は大きくなるかもしれない。

　このように、インターネットでは、非常に多数の人たちが、自分の望む事柄に関して非常に詳細な情報を取り出せるようになる。要するに、リーチ（潜在顧客数）をいくら増やしても、各潜在顧客に望むだけの詳細さの情報（高いリッチネス）を提供できるようになったのである。こうしてリーチとリッチネスのトレードオフを、比較的低コストで解消できるようになったのである。この結果、小規模の企業も、工夫次第で大企業に負けないだけのマーケティング力や広報力を備えることができるようになった。

企業間競争のそれまでの常識が変化してきたのである。要するに、地方の小企業も、全国展開やグローバル展開を、インターネット上でできるようになり、規模の経済のような大企業の強みが徐々に崩れ始めたのである。インターネットのビジネスへの影響を整理すると、以下の二つが代表的なものである。

①情報のリッチネス／リーチのトレードオフの緩和、あるいは解消
　このことは上述したとおりである。このトレードオフの解消あるいは緩和により、次の情報の非対称性の問題の解消あるいは緩和が可能になった。新しいビジネスの登場に関しては、こちらの方が直接的な影響を与えたと思われる。

②情報の非対称性の解消
　情報の非対称性とは、ある商品に関して売り手が持っている情報の量や質と、買い手が持っている情報の量や質とが異なり、そのことが、両者の取引関係に影響を与えている状態を指す。新車市場と中古車市場の違いを例に説明しよう。新車市場では、販売される自動車は工場で検査され、カタログ性能が確認された車が市場に出てくるわけだから、自動車メーカーが発表している性能を持った車が市場で流通しているはずである。だから、購入者は安心して車の選択ができるし、購入できる。性能に問題があれば、ディーラーに持ち込んで対処してもらえばよい。

　一方、中古車市場では、中古車ディーラーが直接中古車として買い取る場合、プロの目でチェックし、問題があればその分安く買い上げることができる。その後、ディーラーは必要な修理や部品の交換をし、きれいに塗装した後に、中古車市場で販売する。事故車は縁起が悪いし、車体やエンジン等に微妙なバランスの狂いが生じているかもしれないということで、買い手の中には、そうとわかっていたならば、進んでは買いたがらない人が少なくない。しかし、素人の買い手には、その事実は見抜けない。

　売り手はその車の履歴についてかなり詳しい情報を持っているが、買い

手には知らされない。このような場合に、売り手と買い手との間に情報の非対称性が存在するというのである。情報の非対称性が存在する市場では、買い手は常に、相場よりも高い価格が付けられているかもしれないと疑い、少しでも値切ろうとする。売り手の方も、どうせ値切られるのだからということで、最初から高い価格を付けるかもしれない。新車の購入の場合にもある程度の値引きがあるのが普通だが、それは買い手が車の性能を疑うからではない。しかし、中古車の場合は、性能自体を買い手は信用できないのである。

インターネットが普及すると、情報伝達のリーチとリッチネスのトレードオフの緩和により、中古車情報が日本全国から提供されるようになるし、入手も容易になる。例えば、ある車種のある年式の、ある走行距離の車の相場がどの程度かを、買い手は知ることができる。質の悪い車を買わされた顧客は、いい加減な商売をしている業者の名前やその事実を知らせる機会が増える。こうして、中古車市場においても、売り手と買い手との間の情報の非対称性は縮小する。こうしたことは、あらゆる市場で進展し、その結果、実物を見なくても、買い手は安心してネットワーク上の取引に参加できるようになる。このことが、今日の電子商取引、すなわちe-コマースの普及に貢献したのであり、ビジネスにも多大なる影響を与えたのである。

10-6　インターネットベースのビジネス

1995年頃から、上述のように、インターネット技術をベースとした、よりオープンな、小規模な企業や個人も参加可能な電子データ交換システムが普及し、その結果、まったく新しいビジネスモデルが多数登場してきた。それらは、**電子商取引**（electronic commerce：EC）と呼ばれる、インターネットを利用した商取引である。取引である以上、電子商取引を支

えるシステムは、第7章で見たTPSの発展形であるが、戦略的な武器ともなり得るのである。

代表的な電子商取引（EC）には、次のようなものがある。

① B2B（business to business）、すなわち、インターネットを利用した、企業同士の電子商取引である。代表的な形態としては、次の二つがある。

・インターネット調達（買い手は主として大手企業）

大手企業が、インターネット上の自社のホームページに調達したい原材料や部品の情報を掲示する。それらの原材料や部品を売りたい企業は常に買い手企業のホームページをチェックしていて、電子メール等で、製品情報や見積書を送る。買い手企業は、最安値を提示した売り手企業とメールでさらに価格交渉を進め、最終的に契約・購買に至る。複数の売り手同士にウェブサイト上で競わせて、一番安い価格を提示した売り手に発注するという、逆オークションに持ち込む場合もある。

インターネット調達により、一般的には原材料や部品の調達価格は大幅に下がり、原材料価格は市場の適正価格に近づく可能性がある。そして、それが最終製品の価格に反映され、消費者も適正価格でその商品を購入できるようになる。その価格で商品を販売できない企業は、競争に生き残れなくなる。ゆえに、インターネット調達を可能にするシステムは、防衛的なSISということになろう。

・インターネット取引所（中小零細企業も参加可能）

electronic marketplaceと呼ばれるが、一般的には大手企業が、多数の中小の売り手企業や買い手企業を会員組織化して一つのウェブ・サイトに集め、取引を仲介する。典型的には、売り手企業と買い手企業がそれぞれ「売ります／買います」情報を、インターネット取引所の掲示板に表示する。買い手と売り手の双方が掲示板の表示を見ていて、表示された情報を基に、互いに最適な取引先を探し、e-メールで交渉を進め、取引をまとめる。

売り手企業のメリットとしては、低コスト（会員登録料）で、新規の顧客や新市場の開拓ができる。同様に、買い手企業のメリットとしては、低コストで、安い供給先を探すことができる。この場合も、製品価格の低下につながり、この価格でその商品を販売できない企業は、競争に生き残れなくなる。ゆえに、中小企業にとって、インターネット取引所に参加するためのシステムは、防衛的なSISと呼ぶことができよう。

② B2C（business to consumer）、すなわち、インターネットを利用した企業と消費者間の電子商取引であり、代表的な形態としては、次のようなものがある。

・ネット販売
　デパートやスーパー、家電量販店、あるいはメーカーや卸売商が、自社のホームページを使って、商品を消費者に直接販売することであり、メーカー直販（あるいは卸直販）とネット小売りがある。
　伝統的な、店舗での販売のみを行う小売店は、**ブリック＆モルタル**（bricks & mortar）と呼ばれることがある。煉瓦としっくいで建築されたどっしりした店舗でのみ販売している小売店という意味である。一方、インターネットの普及後、ネット販売のみを行う小売店も登場した。こうした小売店は、**クリック＆デジタル**（clicks & digital）と呼ばれる。すなわち、インターネット上で売買を成立させる小売店である。そして最近は、両者の長所を活かすために、店舗販売とネット販売を併用する企業が増えてきた。こうした小売店は、**クリック＆モルタル**（clicks & mortar）と呼ばれる。
　メーカーや卸商も、消費者と直接取引するルートを重視しつつある。この取引により、メーカーは卸や小売店を、卸は小売店を中抜きすることにより、消費者により安い価格で商品を販売することができるかもしれない。こうしたメーカー直販や卸直販、そしてクリック＆モルタルの増加は、ネッ

ト販売が戦略的な意味を有していることの証拠といえるであろう。

・電子商店街（virtual mall）

　インターネット上に構築される商店街である。運営企業が出展希望の企業や商店を多数集め、仮想の商店街や展示場を設置し、集客のための広告や宣伝活動を行う。顧客はインターネットを通して商店街に入り、実際には電子カタログを検索して買い物をする。支払いは、クレジットカードの番号を暗号化して、ネットワークで送付して決済する場合が多い。電子商店街は24時間開店しているため、夜中でも買い物ができるという便利さがある。出店側も、出店料や売り上げ金に対する歩合のような形での支払いをする代わりに、集客の必要性は軽減するので、メリットは大きい。

　電子商取引を利用することにより、ローカルの中小企業が全国市場に参入する道が開けることから、企業間競争に少なからぬ影響を与えるのである。なお、伝統的な駅前商店街や、大都市近郊に次々とオープンしているアウトレットモールのような現実の商店街は、リアルモール（real mall）と呼ばれる。

・ロングテール

　B2Cでは、ブリック＆モルタル型の実店舗販売では扱えないような商品も扱えるようになる。80対20の法則（パレートの法則）と呼ばれる販売上の経験則があるが、それは、売れ筋の上位20％の商品（あるいはお客）によって、売上げの80％が達成されるというものである。ゆえに、陳列場所が限られる実店舗販売では、比較的よく売れる商品しか品揃えできない。一方B2Cでは、世界中のインターネットユーザーが潜在的な顧客になり得るので、実店舗の周辺では滅多に売れない商品でも、商圏が広がると、ある程度の需要は見込めるので、販売リストに載せることができる。その意味でも、B2Cは新たな戦略的な武器ともなり得るのである。

10-7　その他の戦略的な武器としての経営情報システム

　以上で見てきたように、インターネットの普及により、商品の販売一つとっても、多様な方式が登場しつつある。企業は、競争に勝ち残るためには、こうした動きにもついていかなければならないのである。そして、今日でも次々と新しいタイプの経営情報システムが開発され続けている。しかし、それらのすべてを扱うことは、本書の範囲を超えている。最後に、次の二つのシステムについてのみ、簡単に触れることにする。

①**サプライチェーン・マネジメント**（supply chain management：SCM）
　図表10-2では、サプライチェーンの川下の部分のみが示されている。**サプライチェーン**の最終的な登場人物は、消費者である。消費者は通常は小売店やスーパーマーケット、コンビニ等の小売店で買い物をする。小売店には、地域の卸売商等の中間業者が商品を供給する。そして、卸売業者にはメーカーが製品を供給する。メーカーは原材料や部品を、川上の原材料メーカーや部品メーカーから調達する。
　商品を扱う企業にとっては、在庫管理が非常に重要であり、かつ頭痛の種でもある。**在庫**とは、将来需要を満たすために、事前に調達し保管しておく、遊休資源と定義される。我々が必要な時に必要な商品を近くの小売店でいつでも購入できるのは、小売店が商品棚や倉庫に色々な商品を在庫として置いていてくれるからである。在庫は「売れ残り」というリスクを伴うために、企業はできるだけ在庫を減らしたいのであるが、顧客サービ

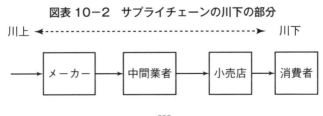

図表10-2　サプライチェーンの川下の部分

スの観点から、一定の在庫は常に持たざるを得ないのである。

　伝統的には、サプライチェーンの各段階で、すなわち、小売店や卸、メーカーが、個別に独自の予測に基づいて、在庫量を決定してきた。需要量の変動は消費者のところで発生するが、小売店は、在庫が減ったり増えたりすると、卸にいつもより多めに注文したり、減らしたりする。小売店からの注文の動きに敏感に反応して、卸商はメーカーに変化の方向をさらに増幅させて発注する。このような動きは「ムチ効果」と呼ばれるが、結果的に川上企業に過剰在庫が発生しやすい。メーカーは、売れ残りのリスクを加味した価格で中間業者に卸す。卸商も同様のことを小売店に対して行う。ゆえに、消費者は必要以上に高い価格で商品を購入することになる。

　SCMの目的は、ネットワーク技術を活用して、サプライチェーンの下流から上流までのすべての関係企業間で、最新の顧客購買情報や、各段階での在庫情報などを交換する。その結果、顧客の需要を確実に満たしつつ、サプライチェーン全体の在庫を最小化するような、最適な生産計画や物流計画を立て、低価格で顧客に商品を提供しようとするのである。そうすることで、SCMに加入している各企業は、戦略的な競争力を強めることができる。

②**カスタマ・リレーションシップ・マネジメント**（customer relationship management：CRM）

　企業の競争優位の源泉としては、新製品や新サービスの開発が考えられるが、それらはすぐに他社に真似されたり、追い抜かれたりしてしまう。長期的な競争優位は、よい顧客をどれだけ多く、自社につなぎとめておけるかによって決まるともいわれている。よい顧客とは、長期的に自社を儲けさせてくれる顧客のことである。だから、良い顧客を一人でも多く獲得し、その顧客に適したサービスを提供し、できるだけ長い間愛顧を得られるように全社的に対応することが、戦略的な武器となり得る。

　このような目的で構築される経営情報システムが、CRMである。つまり、

IT、特に顧客データベースを活用して、重要な顧客がどんなルートで自社に接触してきても、また、どの部門にいる誰が、どんな場面でその顧客と対応する場合でも、常に変わらぬよいイメージを顧客に持ち続けてもらえるようなサービスを提供し、顧客満足度を高めようとするためのシステムである。CRMはまた、利用される都度、顧客に関する正確かつ最新のデータを獲得し、蓄積する。それらのデータは、将来の顧客サービスに活用されることになる。

10-8　本書のまとめ

　本章で見てきたような、戦略性を高めるための経営情報システムは、効率性を改善するための経営情報システム（TPS）や、有効性を高めるための経営情報システム（狭義のMISやDSS、EUC）等が構築され、運用されていないと、容易には導入され得ない。その意味では、EISやSISは、企業の経営情報システムの総合力の結果だと考えることができるかもしれない。
　図表10-4に、本書で扱ってきた経営情報システムの歴史的な展開過程が、図示されている。この図をもって、本書のまとめとしたい。

第10章　戦略性を高めるための経営情報システム

図表10-4　経営情報システムの展開過程

年代	代表的な情報システム		技術
	企業中心 ←----------→ 個人中心		
2000年	SIS ←------→ EIS		インターネット
	EC		
1990年			
		EUC	
1980年			パソコン
		DSS	
1970年			
	MIS		DB
1960年			COBOL
	TPS		
1950年			コンピュータ

――注――

1) Robbins, S. P. et als., Fundamentals of Management 8th ed., Pearson, 2013, pp.108-109.
2) 伊丹敬之、経営を見る眼、東洋経済新報社、2007年、pp.158-161.
3) Mintzberg, H.,「マネジャーの職務」、H. ミンツバーグ経営論、DIAMOND ハーバード・ビジネス・レビュー編集部編訳、ダイヤモンド社、2007年、第1章、PP.29-34.
4) O'Brien, J. A. Introduction to Information Systems, McGraw-Hill Irwin, 2005, p.308).
5) 海老澤栄一、「魅力ある個人や組織とは」、海老澤栄一編著『魅力ある経営』学文社、2007年、pp.114-119.
6) Gleick, J., 楡井浩一訳『インフォメーション：技術の人類史』新潮社、2013年、pp.19-38.

索　引

数字・欧文

1＋1≠2　132
2000年問題　109
2進法　102
5W1H　34
80対20の法則　201
AI　190, 191
ASP　155
ATM　75, 118, 134, 158
ATS　85
B2B　199
B2C　200
BASIC　106
BI　27, 189
C. サミッシュ　165
CEO　69
CIO　87
COBOL　105
CPU　95
CRM　203
CRS　192
CSF　188
data　24
datum　24
DBMS　107, 109
decision making　9
DSS　76, 175, 178, 187, 204
E　100
EC　198
EDPS　147
EIS　184, 187, 190
ENIAC　97, 103, 141
EUC　41, 169, 174, 178
EUCの長所　180, 204

e-コマース　198
FORTRAN　105
G　100
G.A. ゴリー　78
GAN　115
GIGO　25, 42, 108
GUI　176, 179
H.A. サイモン　7, 18, 20, 43, 74
H. ミンツバーグ　16, 20, 186
IC　98
ICT　93, 94
IoT　131, 159
IT　93, 94
IT革命　119
ITの4本柱　94, 130
J.A. オブライエン　123, 169
J.G. マーチ　141
J. プレスパー・エッカート　97
J. モックリー　97
K　100
K.C. ロードン　22, 23
LAN　114, 118
M　100
MAN　115
MIS　132, 162
MISの導入方法　154
N. ハーツ　24, 44
NSA　30
OC　143, 173
P　100
P. ワラス　22, 23, 132
PDCAサイクル　162
S.P. ロビンズ　74, 84, 161, 184
S. ハーグ　95

— 207 —

S. プラウス　25
SABRE　192
SCM　202
SCM の目的　203
SDLC　152
SIS　184, 191
SIS ブーム　193
SQL　106
T　100
TCP／IP　116
TPS　147, 204
UNIVAC − I　141
USB メモリー　96
W.E. デービス　5, 20, 22, 23, 32, 149
WAN　115, 118
WWW　196
Z　100

あ 行

相手の存在から生じる不確実性　51
アウトソーシング　155
アウトプット（output）機能　124
アクティブ・ラーニング　46
アセンブラ言語　105
アドホックな問い合わせ　172, 187
アプリケーション（応用）ソフトウェア　102, 103
アメリカンエアライン（AA）社　192
アンカーリング　65
暗号文　117
安心感が得られる情報　167
暗黙知　27
意思決定　5, 9
意思決定支援システム　76, 175
意思決定者　6
意思決定者の無知や都合による不確実性　52
意思決定と行動の関係　43
意思決定のアウトプット　33
意思決定の一般的モデル　53, 55
意思決定の垂直的分業　51, 68, 73, 76, 190

意思決定のプロセス　7
意思決定の例　18
伊丹敬之　184, 191
イミント　29
インターネット　115, 119, 194
インターネット調達　199
インターネット取引所　199
インタプリタ言語　106
インテリジェンス　27
イントラネット　116
インプット（input）機能　124
インプット→処理→アウトプットのパラダイム　132
インプット装置　130
インフラストラクチャー　94
ウエアラブルコンピュータ　101
ウォーターフォールモデル　153
占いやくじ引き　20
エクサ　100
エクストラネット　116, 134
海老沢栄一　191
エリント　29
エレメント　111
エンドユーザー　174, 178
エンドユーザーコンピューティング　41, 174, 178, 187
応用ソフトウェア　102
オーディオシステム　122, 127
オープンシステム　103
オシント　29, 40
オブジェクトプログラム　105
オフショアリング　140, 156
オペレーティングシステム　102, 103
卸直販　200
オンラインリアルタイム処理　159

か 行

垓（ガイ）　100
会計データ　38
階層構造　72
開発フェーズ　152

外部環境　185
開放型のネットワーク　115
乖離の許容範囲　170
確実性　57
確実性の状態　57
学習　43
確率分布　58
カスタマ・リレーションシップ・マネジメント　203
価値観　13, 161
カネとモノの関係を扱う講義　36
カネに関する講義　36
環境　37
環境変数　54, 62
環境変数の予測　56
完全情報の価値　59
完全性　166
管理的統制　78
記憶　25
記憶装置　96
ギガ　100
機械語　102, 104
機会や問題の発見　45
基幹業務処理システム　148
企業組織　69
技術　133
議事録　38
期待値　59
期待利益　58
基本ソフトウェア　102
逆オークション　199
客観的リスク　58
キャラクター　110
給与計算と小切手作成　145
狭義のMIS　135, 163, 171, 178, 187, 204
共通目的　125
業務管理　165
業務系システム　148
業務担当者　70
業務的統制　78
業務日誌　38

業務の水平的分業　68, 73
許容範囲　171
キロ　100
銀行の小切手処理　147
クラウドコンピューティング　44
クラウドコンピューティングサービス　155
グラフィックモデル　176
グラフを多用する報告書　172, 187
クリック＆デジタル　200
クリック＆モルタル　200
クリティカル・サクセス・ファクター　188
グローバルエリアネットワーク　115
京（ケイ）　100
経営者向け情報システム　184, 187
経営情報　4, 92
経営情報システム　92, 122, 132, 162
経営情報システム開発に際しての考慮対象　132
経営情報システムという言葉　135
経営情報システムの定義　132
経営情報システムの歴史的な展開過程　204
経営情報の作成　162
経営戦略　40
経営の三大資源　34
計画情報　167
計画フェーズ　152
経験や体験　20
警告情報　167
形式知　27, 36, 42
計量経済モデル　176
結果変数　54
決定変数　54, 62
現状情報や進捗情報　167
源泉　78
広義のMIS　135, 163, 187
航空機や鉄道の指定席の予約　146
攻撃的な武器　193
構成要素　123

構造化された問題　73
構造化されていない問題　73, 77
構造化データ　107
構造化データベース　110
構造的な意思決定　74
行動とデータの関係　43
合理性の限界　64
効率性　84, 86, 138
効率性の改善　136
効率性の改善策　138
効率性の追求→有効性の追求→戦略性の追求　86
効率性を改善するための経営情報システム　136, 204
効率性を追求　159
小切手処理システム　148
個人情報保護法　160
個人中心のコンピュータ利用　169
個人データ　160
個人の意思決定　18
国家の情報収集　28
コミュニケーション　14
コミュニケーション・ギャップ　82, 144, 168, 172, 173
コミュニケーションチャネル　81
コミュニケーションの技術　194
今日における代表的なMIS　172
コンパイラー　105
コンパイラ言語　105
コンピュータ「京」　99, 100
コンピュータで処理する場合　150
コンピュータ予約システム　192
コンピュータリテラシー　103

さ　行

在庫　202
最高情報責任者　87
最適　63
最適解　63
最適化原理　63
サイバネティックシステム　126

サブシステム　122
サプライチェーン　202
サプライチェーン・マネジメント　202
時間的視野　79
時間的な隔たりによる不確実性　50
時間割　98
時間割処理　101
シギント　29
自己制御システム　127
指示・命令　82
システム　92, 122
システム開発のライフサイクル　152
システムの定義　124, 132
自然の状態　49, 54, 57, 59
実施フェーズ　153
社外情報　167
社外情報収集のメカニズム　186
社外のデータの源泉　40
社内の業績情報　167
社内のデータの源泉　38
じゃんけんゲーム　52
集積回路　98
集約度　79
重要成功要因　188
主観的リスク　58
出力装置　96
上級経営者向け情報システム　184
情報　4, 20, 22, 26, 35, 55
情報→意思決定→行動→データ→情報のループ　32, 42
情報が備えるべき要件　165
情報活動　9
情報技術　93
情報洪水　190
情報資源　34
情報システム　92, 122, 128
情報システムの構成要素　129
情報システムの定義　128
情報システム部門　143, 173, 180
情報収集　15
情報伝達におけるリーチとリッチネスのト

— 210 —

レードオフ　194
情報伝達のリーチとリッチネスのトレードオフの緩和　198
情報と意思決定の関係　44
情報の共有　23
情報の使用頻度　80
情報のタイプ　78
情報の定義　22
情報の非対称性　197, 198
情報の非対称性の解消　197
情報の不完全性　57
情報はフロー材　23
情報フィードバックサイクル　4, 32
情報や情報資源に関する講義　36
初期投資額　150
初期のコンピュータ　143
初期のコンピュータの適用領域　144
処理（processing）機能　124
処理装置　95
真空管　96
神経系　122
人工知能　190
垂直的分業　19, 186
水平的な分業　19, 186
数字崇拝　24
ストック材　25
スマホ　119
正確性　80, 166
制御　126
生産性　84
セキュリティ　181
ゼダ　100
設計フェーズ　152
接続装置　96
セレンディピティ　191
選択的知覚　25
鮮度　79
戦略　184
戦略情報システム　184, 191
戦略性　85
戦略性の強化　136

戦略性を高めるための経営情報システム　136, 204
戦略的計画　78
戦略的な意思決定を支援するための経営情報システム　184
戦略的武器　85, 86, 184
戦略を策定するための意思決定　185
総合的な講義　36
相互作用　127
想定外　52, 171
想定範囲　171
ソーラーシステム　122
即時処理　159
組織　125
組織中心のコンピュータ利用　143, 163, 165, 168
組織の意思決定　18
ソフトウェア　94, 102
損益分岐点分析　149

た　行

第1世代のコンピュータ　96
第1世代のプログラム言語　104
第2世代のコンピュータ　97
第2世代のプログラム言語　105
第3世代のコンピュータ　98
第3世代のプログラム言語　105
第4世代のコンピュータ　98
第4世代のプログラム言語（4GL）　106
第5世代のコンピュータ　98
代替案　12, 34, 54
代替案の実施　14
代替案の選択　13
代替案の探索と列挙　10
代替案の評価　13
大学の学籍管理　147
大規模集積回路　98
代表的な MIS　169
タイムシェアリングシステム　176
タイムショアリング　98
タイムスパン　70

大量一括処理　159
大量のデータ　145
対話管理システム　175
タッチスクリーン　187
知識　27, 30, 35
チャネル　113
中央処理装置　95
直感に頼る意思決定　45
直感や勘　20
定期的なレポート作成　164
定型的　144
定型的な意思決定　74, 158
定型的なレポート作成　164
データ　24, 133
データ・マイニング　189
データ処理　26
データ処理の損益分岐点データ量　150
データと情報の関係　44
データと情報の違い　5
データの価値　25, 40
データの共有　23
データの源泉　37
データの定義　23
データファイル　107
データベース　25, 37, 94, 107, 111, 189
データベース管理システム　107, 109, 176
適時性　166
適切性　166
デジタル・ダッシュボード　190
テストフェーズ　153
手続き　74
デバッグ　105
テラ　100
テリント　29
テレコミュニケーション装置　96
天気予報　55
電子計算機　148
電子商店街　201
電子商取引　198
電子的データ処理システム　147
伝統的な方法　155

同一の網羅的なレポート作成　164
統計処理モデル　176
トーキング・ドラム　194
トップマネジメント　69, 76
トップマネジャー　185
トランザクション処理システム　147
トランジスター　97
ドリルダウン　189
トレードオフ　166

な　行

内部環境　185
ナレッジマネジメント　28
入出力端末装置　118
入力装置　96
人間　133
人間が処理する場合　149
ネット小売　200
ネット販売　200
ネットワーク　94, 113, 174
能率　84
ノード　113
のろし　93, 194

は　行

バーコード　130, 159
ハードウェア　94, 95
バイト　110
パソコン　98, 118, 174
ハッカー　134
バックログ　168, 172, 173
パッケージ購入　155
バッチ処理　159
パレートの法則　201
パンアメリカン（PAN-AM）社　193
範囲　79
反復的　145
非構造化データ　112, 159
非構造的な意思決定　76
ビジネスインテリジェンス　27, 39, 189
ビジネスプロセスアウトソーシング　156

ビジネスモデル　119
非注意性盲目　24
ビッグデータ　50, 112
ビット　24, 110
非定型的な意思決定　76
非手続き向き言語　106
ヒト，モノ，カネ　34
ヒトに関する講義　36
ヒューミント　29
評価変数　55
標準業務手続き　74
標準値　170
ファームウェア　102
ファイアーウォール　116
ファイル　111
フィードバック　126
フィードバックループ　126
フィールド　110
不確実性　13, 48, 49, 56, 59, 71
不確実性の吸収　72
不確実性の源泉　49
不整合　108
プライバシー　160
ブリック＆モルタル　200
プログラム　102
プログラム開発の外注　155
プログラム化しうる意思決定　74, 77
プログラム化しえない意思決定　75, 77
プログラム内蔵方式　104
プログラムワイヤリング方式　104
プロセス　133
プロトタイピング　153
分業　68
分析フェーズ　152
ペイオフ　57
閉鎖型のネットワーク　114
ペタ　100
防御的な武器　193
報告・連絡・相談　81
ホウレンソウを大切に　81
簿記　38

本来的な不確実性　59

ま　行

マークカード　130
マークシート　130
マイクロコンピュータ　98
マキシマックス原理　61
マキシミン原理　61
窓口業務の効率化　152
マニュアル　74
マネジャー　16, 69
マネジャーたちが必要とする情報　166
マネジャーの意思決定　20
マネジャーの主たる役割は意思決定をすること　20
満足解　64
満足化原理　64
見積書や請求書の作成　146
ミドルウェア　102
ミドルマネジメント　69
ミニマックス原理　61
宮川公男　9, 53, 57
未来志向の情報　50
ムーアの法則　98, 173
無人の窓口　159
無線ICタグ　131, 159
ムチ効果　203
無知の状態　57, 59
メインフレーム　174
メーカー直販　200
メガ　100
メタ情報　27
メトロポリタンエリアネットワーク　115
メニュー方式　176, 179
メモリー容量　113
メンテナンスフェーズ　153
目的意識　30, 191
目標達成　6
モデルベース管理システム　176
モノに関する講義　36
モノのインターネット　131

問題意識　30, 191
問題解決　5
問題の発見とその定式化　9

や 行

役割範囲　70
有効性　85, 86, 161
有効性の向上　136
有効性を高めるための経営情報システム
　136, 160, 178, 204
ユーザー企業　173
ユーザーフレンドリーなインターフェース
　176, 179
ユナイテッドエアライン（UA）社　192
要求水準　64
要求水準の下方硬直性　65
要約報告書　169, 172
予測　55

ら 行

ラプラスの原理　60
リアルモール　201
リーダーシップ　14
リーチ　194
リーチとリッチネスのトレードオフ　195,
　196

利害関係者　71, 186
リスク　58
リスク下での意思決定　58
リッチネス　195
リナックス　103
利用可能性　166
リンク　113
例外処理　153
例外による管理　169
例外の基準の設定　170
例外報告書　169, 172
レコード　111
レポート作成　163
連絡・調整　83
ローカルエリアネットワーク　114
ロワーマネジメント　69
ロワーマネジャー向けのレポート作成
　163
ロングテール　201

わ 行

ワークフロー　84
ワールドワイドウェブ　196
ワイドエリアネットワーク　115
ワンストップサービス　192

【編著者】

一瀬益夫（いちのせ　ますお）

 1948年　長野県生まれ
 1972年　一橋大学商学部卒業
 1977年　一橋大学大学院商学研究科
     博士課程単位取得満期退学
 1975年　東京経済大学経営学部助手
     その後専任講師、助教授を経て
 現　在　東京経済大学経営学部教授

| 2016年6月23日 | 第1刷発行 |
| 2018年2月23日 | 第2刷発行 |

すべての意思決定者のための
経営情報システム概論

　　　　　ⓒ著　者　　一　瀬　益　夫

　　　　　　発行者　　脇　坂　康　弘

発行所 株式会社 同友館　〒113-0033　東京都文京区本郷 3-38-1
　　　　　　　　　　　　　TEL 03-3813-3966
　　　　　　　　　　　　　FAX 03-3818-2774
　　　　　　　　　　　　　http://www.doyukan.co.jp/

落丁・乱丁本はお取り替えいたします。　　三美印刷／松村製本所
ISBN 978-4-496-05217-0　　　　　　　　　　Printed in Japan

本書の内容を無断で複写・複製（コピー），引用することは，特定の場合を除き，著作者・出版者の権利侵害となります。また，代行業者等の第三者に依頼してスキャンやデジタル化することは，いかなる場合も認められていません。